AUTONOMIA E NORMA JURÍDICA

C837a   Costa, Paulo Sérgio Weyl Albuquerque
          Autonomia e norma jurídica / Paulo Sérgio Weyl Albuquerque Costa.
    – Porto Alegre: Livraria do Advogado Editora, 2008.
       183 p.; 23 cm.
       ISBN 978-85-7348-584-4

       1. Filosofia do direito. 2. Norma jurídica. 3. Ontologia jurídica.
    I. Título.

CDU – 340.12

       Índices para catálogo sistemático:

Filosofia do direito	340.12
Ontologia jurídica	340.12
Norma jurídica	340.13

(Bibliotecária responsável: Marta Roberto, CRB-10/652)

Paulo Sérgio Weyl

AUTONOMIA E NORMA JURÍDICA

Porto Alegre, 2008

© Paulo Sérgio Weyl Albuquerque Costa, 2008

Capa, projeto gráfico e diagramação
Livraria do Advogado Editora

Revisão
Rosane Marques Borba

Direitos desta edição reservados por
Livraria do Advogado Editora Ltda.
Rua Riachuelo, 1338
90010-273 Porto Alegre RS
Fone/fax: 0800-51-7522
editora@livrariadoadvogado.com.br
www.doadvogado.com.br

Impresso no Brasil / Printed in Brazil

*A Esther, Juan Fernando, José Maria e Célia,
meus filhos.*

*À Flávia, com quem a cada dia
redescubro a força de amar.*

*Aos meus pais, Seu Zenito e Dona Zinha, o princípio;
ao meu irmão Prof. Nonato, na presença de
suas memórias.*

Agradecimentos

A conclusão não é fechamento. Apor um ponto final implica um peso ao qual resistimos. Antes de fechar, importa reconhecer o que se tem por aberto. Só a abertura nos conforta quando nos percebemos em poros. O ponto final é contínuo e carrega todo o afeto da vida.

Não é o saber que aqui se encerra que aqui se reconhece. Antes o afeto que nos permite todo conteúdo provisório que damos a público. É esse processo, esses afetos, que reconheço e humildemente agradeço.

O afeto é o princípio. Foi de afeto que se construiu esse livro. Os argumentos que aqui se veiculam, nesse sentido, são mais que articulações de conceitos. Carregam consigo o afeto de muitos que nos animaram.

Este livro traz a público, em grande parte, a tese de doutoramento em Direito por mim defendida na Pontifícia Universidade Católica do Rio de Janeiro, em setembro de 2004, sob orientação do Professor Carlos Alberto Plastino.

Não poderíamos chegar aqui, sem esse alento, sem minha filha, a quem reclamo olhar o infinito, sem meus pais, que me ensinaram o olhar aberto. Por eles agradeço meus irmãos, minhas irmãs e toda a família Weyl.

Não poderia alcançar esse momento sem o ensinamento de Carlos Alberto Plastino. Ensinamento, em sentido amplo, como só fazem os verdadeiros mestres.

Pouco faria sem o sentido coletivo que alentamos no Programa de Pós-Graduação em Direito da UFPa, onde ressalto com orgulho o entusiasmo do Professor Dr. Antonio Gomes Moreira Maués. Professor, irmão, amigo.

Agradeço aos professores da PUC-RJ, Ricardo Lôbo Torres, Alejandro Bugallo, Antônio Cavalcanti Maia, Gisele Guimarães, José Maria Gómez, José Ribas Vieira e Nádia de Araújo.

Em especial, agradeço as críticas de Lenio Streck, Maria Guadalupe, Gisele Citadino, Alejandro Bugallo, que, junto com Carlos Plastino, gentilmente julgaram esse trabalho, formulando críticas que enriqueceram essa versão e, especialmente, abriram outros horizontes de pesquisa ao seu autor.

À Universidade Federal do Pará, ao CNPq, à Pontifícia Universidade Católica do Rio de Janeiro, à CAPES, à Faperj, pelos auxílios concedidos.

Aos meus alunos.

Finalmente, agradeço à Élida Lauris, uma fonte de crítica e de reflexão.

Agradeço ao Professor Jose Antonio Esteves Araujo, que dispôs-se a ler e a criticar a tese, apoiando a publicação e presenteando o leitor com um estudo de introdução.

Deixei o porto faz muito tempo.
Enfrento calmarias e tempestades.
Estrelas incontidas são meus instrumentos.
Tantas são as ilhas, portos do além-mar.
Tantas são as dúvidas e questionamentos
Como outros momentos a vivenciar
Naus que se cruzam no oceano imenso
Outros à deriva, náufragos do amanhã.
Nas mãos traçadas, mapas, elos:
Linhas como estradas já construídas,
Pontes, questionamentos, buscas, destinos.
A essência de princípio no olhar menino,
A força, esta gravidade que nos retém,
Que nos deixa na verticalidade das coisas
Onde não podemos ser nem maiores nem menores
Onde, inevitavelmente, o ponto de equilíbrio.
E na horizontalidade da consciência
De buscar o melhor seja o destino.
Onde como homem eu compreenda o homem,
Como em cada porto, a nau, o mar.

(Zé Caeté)

Prefácio

DUALISMOS DEL DERECHO

El Derecho moderno es un fenómeno complejo y difícil de aprehender. Los intentos de teorizarlo parecen desembocar inevitablemente en contraposiciones dicotómicas que conducen a dilemas imposibles de resolver. Parece como si los teóricos del derecho hubiesen sido víctimas de una maldición. Empiezan analizando su objeto por una punta y, cuando llegan al extremo opuesto, se encuentran con que ha cambiado de naturaleza. Los resultados contradicen los presupuestos. Y, si se intentan invertir los términos, entonces se vuelve a topar con algo que contradice el punto de partida.

Así, el positivismo que culmina con Kelsen se ve atrapado en la contraposición entre eficacia y validez: que las normas "valgan" no depende de que las personas las cumplan o los jueces las apliquen. La dicotomía eficacia/validez es consecuencia, por un lado, de la separación radical entre el mundo del ser y el mundo del deber ser. Por el otro, es resultado del intento de encontrar un criterio autónomo para la fundamentación del deber ser de las normas jurídicas. Pero tanto la distinción radical entre lo que es y lo que debe ser, como la autonomía jurídica en su versión kelseniana resultan imposibles de sustentar. La validez de las normas presupone un sistema jurídico que de hecho exista, por lo que depende, en última instancia, de la eficacia de ese sistema. El deber ser de las normas jurídicas se fundamenta, así, en el "ser" del ordenamiento.

Las teorías *pospositivistas* del derecho han acudido a los principios para aminorar la rigidez de las normas y a la teoría de la argumentación para dotar de racionalidad a las decisiones jurídicas. La flexibilidad que introducen los principios en el derecho consiste en la posibilidad de "ponderarlos" entre sí, es decir, de establecer cuál de ellos prevalece en determinadas circunstancias sin que ello ponga en cuestión ni la validez del que decae ni sus posibilidades de imponerse en circunstancias diferentes.

La ponderación dinamiza el contenido del derecho y hace posible por ejemplo que la constitución evolucione aunque su texto se mantenga inalterado. Pero también plantea un problema de legitimidad: decidir qué principio debe prevalecer en determinadas circunstancias exige utilizar criterios extrajurídicos de valoración. Y no está nada claro que un órgano judicial o parajudicial tenga legitimación para utilizar argumentos morales, políticos o sociológicos en la fundamentación de sus decisiones.

La Teoría de la Argumentación podría proporcionar ese *plus* de legitimidad, pues constituye un intento de dotar de fundamento racional a las decisiones que se adoptan en el ámbito de la razón práctica. Persigue, de ese modo, que la fractura lógica entre el ser y el deber ser no tenga como consecuencia el destierro de éste último al reino de lo irracional. Pero la Teoría de la Argumentación es de aplicación problemática al ámbito jurídico: se basa en una concepción discursiva de la racionalidad que exige unos requisitos para considerar racionales las decisiones que los procedimientos judiciales no cumplen ni pueden cumplir.

Nos topamos, así, con otra dicotomía típica del derecho: la contraposición entre las exigencias de la "Facticidad" y las de la "Validez". Es decir, la pugna entre los requisitos que tendrían que cumplirse para que las decisiones judiciales fuesen legítimas sin reservas (entre otros, el de que la discusión siempre permaneciera abierta), y las exigencias de la "seguridad jurídica" que requiere que se adopte una decisión en un plazo de tiempo determinado.

— # —

En su libro "Autonomía y norma jurídica", Paulo Weyl llega hasta la raíz misma de la "maldición" que persigue a los teóricos del Derecho y "elucida" sus causas. El Derecho contemporáneo y la reflexión que se hace sobre él son hijos del pensamiento de la Modernidad. Y éste se encuentra estructurado en forma de dicotomías conceptuales: externo/interno, razón/emoción, sujeto/objeto, conciencia/realidad, individuo/sociedad... Estas dicotomías propician las construcciones filosóficas unilaterales y contrapuestas: racionalismo *versus* empirismo, individualismo *versus* comunitarismo, idealismo *versus* realismo, inmanentismo *versus* trascendentalismo... Por ello no es de extrañar la naturaleza "contradictoria" del fenómeno jurídico moderno y la incapacidad de los enfoques teóricos para configurarlo como un todo coherente. Iusnaturalismo *versus* positivismo, decisionismo *versus* normativismo, Sociología *versus* Teoría del Derecho, derecho de la ley *versus* derecho del juez serían otras tantas manifestaciones de esas antinomias insolubles.

Las teorías "pos-positivistas" del derecho no logran escapar de esas dicotomías y contraposiciones, aunque ensanchan un poco el terreno del juego. Por eso Paulo Weyl afirma, con razón, que no pueden considerarse "pos-modernas", sino que se encuentran inscritas en la misma matriz paradigmática que el pensamiento de la Modernidad.

Para encontrar una vía de salida a los dilemas jurídicos modernos, Paulo Weil sigue la senda del pensador francés de origen griego Cornelius Castoriadis. Castoriadis persigue el objetivo radical de apartarse de lo que denomina la "Ontología heredada". La "Ontología heredada" comprende no sólo la concepción de la realidad del pensamiento moderno, sino la de toda la tradición filosófica occidental que se remonta hasta Sócrates.

La ontología alternativa que Castoriadis propone no concibe la "realidad" como algo estable, ordenado, susceptible de ser percibido directamente por los sentidos o explicado por la razón. Al contrario, la realidad originaria es un caos, un abismo insondable, un magma informe, algo sin sentido y sin orden. Y no existe ningún acceso inmediato a ella.

Castoriadis la concibe de ese modo debido al carácter contingente de la realidad histórico-social. No hay ni una naturaleza humana, ni una razón histórica, ni un espíritu absoluto que puedan explicar las diferentes formas en que cristaliza la realidad social. Esta es, en última instancia, fruto de la creatividad humana. Por ello, ningún rasgo o característica de la misma puede ser considerado como esencial, natural o inmutable.

A partir de la contingencia del acontecer histórico social Castoriadis "elucida" el carácter de la realidad originaria: ésta tiene que ser de una constitución tal que haga posible que cualquier derivado suyo sea contingente. Por eso ha de ser algo sin forma, sin orden, sin sentido: un magma.

Pero la negación de la existencia de una naturaleza esencial no conduce a Castoriadis a pensar que toda forma de estabilidad sea una apariencia engañosa. El pensador francés no concibe la realidad histórico-social como un flujo constante y absolutamente dinámico, a modo del famoso río de Heráclito. La estabilidad y el orden existen, pero ninguno de los dos es inmutable, sino temporal. Los seres humanos son capaces de generar una "realidad objetiva", pero en la medida en que ésta es fruto de la creatividad humana, es susceptible de cambio y cambia efectivamente.

Así pues, el rechazo de la metafísica no conduce a Castoriadis al escepticismo ni al relativismo. Si bien no podemos acceder inmediatamente a la realidad originaria existe una objetividad, aunque sea provisional. Y esa realidad objetiva es fundamentalmente creación humana, pues cualquier experiencia cotidiana que podamos tener, por "real" que sea, está cargada de valores, representaciones y actitudes producidas socialmente (pensemos por ejemplo en la "experiencia" del gol que dio al Barcelona el triunfo en la final de la Copa de Europa).

La nueva ontología exige una epistemología también nueva, especialmente en el ámbito de las ciencias sociales. El reconocimiento de que la objetividad es provisional y cargada de significados socialmente construidos implica la renuncia a las pretensiones de la *episteme* y una reivindicación de la *doxa*. Ni las ciencias empíricas, ni la lógica o la matemática pueden proporcionarnos una razón definitiva del acontecer humano. La realidad histórico-social es producto de una facultad creativa imprevisible e inexplicable. Por eso nuestro conocimiento de la misma será siempre provisional y revisable, nunca absoluto e incontestable. Aunque sea sólido mientras funcione.

Castoriadis sitúa la capacidad creativa de los seres humanos en la imaginación, facultad que conecta con el subconsciente. Mediante la imaginación, los seres humanos son capaces de concebir cosas que nunca han existido. Y esa facultad, en cuanto compartida y ejercida socialmente (en cuanto "imaginario social") es capaz de dotar de credibilidad y objetividad a sus creaciones.

Paulo Weyl escoge dos ejemplos especialmente atinados de esa capacidad: la esclavitud y Dios. Que determinadas sociedades hayan podido "ver" y tratar a una parte de sus semejantes como cosas es una muestra de la capacidad inventiva de la imaginación y de su fuerza objetivizadora, es decir, de su poder de crear "realidad". Ese mismo poder de creación de evidencias inventadas se pone de manifiesto en el caso de Dios, un fruto de la imaginación humana que para muchas sociedades ha sido y sigue siendo real en el más intenso sentido de la palabra.

Uno de los aspectos más importantes de la propuesta de Castoriadis para los teóricos del Derecho es que centra nuestra atención en la dimensión simbólica de la realidad. Pues las cosas y las acciones no son un conjunto de características físicas, sino que están revestidas de significados socialmente atribuidos. Determinados sonidos "son" palabras, algunas acciones "son" crímenes, ciertas personas "son" jueces. Todas esas formas de ser pertenecen a la dimensión simbólica de la realidad, que es de central relevancia para el Derecho.

Al introducirnos en el mundo simbólico, Castoriadis evita dos errores en que han incurrido quienes han explorado antes que él ese terreno: por un lado, el de convertir lo simbólico en un conjunto autorreferencial en el que unos símbolos remiten a otros acabando por caer en un círculo vicioso. Por otro el de reducir lo simbólico a su dimensión puramente funcional sin reconocer el "exceso" que el significado de una cosa o una acción supone respecto de la función social que podemos atribuir a ese significado. Frente al reduccionismo funcionalista, Castoriadis identifica el componente creativo irreductible que existe en la actividad de significar y atribuye esta facultad al "imaginario social". En él reside no sólo la capacidad de atribuir tal o cual significado sino el poder mismo de crear la significación.

En el libro que este texto pretende prologar, Paulo Weyl explora con una gran solvencia estos nuevos caminos que Castoriadis abre y que resultan tan fecundos para la reflexión jurídica. La lectura de la obra de Paulo Weyl es una fuente constante de sugerencias para quienes nos ocupamos de Teoría y Filosofía del Derecho. En ella encontramos las raíces de viejos problemas nunca resueltos y también un camino por el que transitar para intentar solucionarlos. Hay que agradecer por tanto a su autor el enorme esfuerzo realizado para elaborar este trabajo. Seguro que su obra constituirá una fuente de inspiración para muchos y una base sobre la que se sustentarán futuras investigaciones que se animen a recorrer el camino que Paulo Weyl nos abre.

Barcelona, mayo de 2006

José Antonio Estévez Araújo

Sumário

Introdução 19

1. O direito natural no estranhamento à natureza 25
  1.1. Introdução 25
  1.2. A síntese aristotélica 27
  1.3. Da natureza como norma à norma como natureza 35
  1.4. A consagração da percepção essencial da norma 42
  1.5. A leitura romana da relação natureza/norma 47
  1.6. A formação romana da norma 54
  1.7. Conclusões provisórias 57

2. Uma abordagem da permanência do direito natural 59

3. O estorvo da crítica 85
  3.1. Introdução 85
  3.2. A arquitetura da crise 88
  3.3. A ciência moderna na senda da tradição 91
  3.4. A crise da ciência a partir da ciência 99
  3.5. Nota sobre o sujeito moderno 102

4. Teorias da argumentação: por uma nova autonomia 107
  4.1. Introdução 107
  4.2. A potência abstrata do sujeito debilitado 112
  4.3. As perspectivas da argumentação: ainda a ontologia herdada 114
  4.4. As razões do direito: a crítica aos pressupostos da ciência moderna 116
  4.5. A racionalidade da argumentação 120
  4.6. Da crítica ao modelo dos princípios 125
  4.7. Novamente a retórica 129
  4.8. A nova retórica 133
  4.9. Conclusão 140

5. A idéia de autonomia em Castoriadis 143
  5.1. Introdução 143
  5.2. O fazer: a dimensão racional e não-racional na ação – por uma ação
     mais lúcida possível 143

5.3. O conceito de autonomia 151
5.4. Autonomia e sujeito 159
5.5. A instituição e o imaginário 161
5.6. Significação imaginária social (SIS) 165

Conclusão 173

Bibliografia 177

Introdução

(Pontos contínuos da tradição)

Autonomia e norma jurídica se pretende uma reflexão sobre a atualidade e crise do pensamento jurídico, apoiando-se, para esse fim, na crítica do pensamento greco-ocidental realizada por Cornelius Castoriadis. Para pensar a atualidade do pensamento jurídico, partimos de dois pressupostos prévios: a) O pensamento jurídico – não obstante a experiência crítica, construída, sobretudo, após a segunda metade do século XX, com a teoria da argumentação – permanece preso ao paradigma da ciência moderna; b) a associação do paradigma do pensamento jurídico ao da ciência moderna o vincula, por extensão, à concepção ontológica do pensamento herdado.

A crítica ao paradigma do pensamento jurídico demanda o rumo de uma crítica ontológica. O debate atual requer como elemento "novo" a mitigação da idéia de que a modernidade represente um corte profundo na tradição do pensamento ou mais precisamente que o corte por ela efetivado não alcança a concepção ontológica que se tornou predominante com a tradição socrática. Esses pressupostos reforçam a centralidade da investigação filosófica em nossos dias, o que é um elemento precioso a destacar a crise paradigmática.

Nosso ponto de partida é, portanto, um lugar comum, isto é, de que a invenção do direito moderno não supera a ontologia herdada da tradição do pensamento filosófico; antes a toma como pressuposto e sobre ele opera a importante mudança paradigmática que caracteriza o novo tempo instituído. Pretendemos afirmar, todavia, que se trata de um pressuposto irrefletido, e de que essa irreflexão, o pressuposto que por esse esquecimento não expõe a críticas, constitui um limite para pensar os problemas postos em nosso tempo. Esse pressuposto constitui uma dificuldade fenomenal de retomar o direito como decisão, distante de um ser ideal, próximo da materialidade ética de uma construção mais racional possível, de sujeitos que se dão radicalmente como construção de uma utopia possível de uma sociedade imaginaria tão justa e democrática quanto a generosidade de nosso tempo se permita.

Esse fundamento ontológico e os conceitos vitais do direito que os consubstanciam constituem o que denominamos pontos contínuos da tradição, aos quais visamos nos aproximar em nossa tese. Nosso objeto é delicado, porque reclama denso tratamento e se abre em diversas searas que exigem larga e apaixonante pesquisa. A sedução é inevitável. Somente a violência metodológica pode nos trazer de volta ao caminho proposto, de reduzir pesquisa mantendo-a própria à construção de argumentos da presente tese.

Entre caminhos igualmente sensíveis, de conceder às matérias em apreço o espaço e a profundidade que reclamam, com o risco de nos afastarmos do norte apontado ou o de subtrair-lhes importância, pretendemos escolher o caminho do meio. Nossa temática é aberta. Optamos por enfrentá-la nessa abertura, ousando um diálogo com o pensamento. O método escolhido procurou resguardar essa liberdade, pelo que optamos pelo formato de excursos. Não são capítulos fechados, não possuem pretensão de apresentarem-se herméticos, com rigorosa articulação de suas seções. A necessária harmonia é dada pelo objeto: apontar possíveis elos entre o pensamento jurídico e a ontologia herdada.

Esse caminho, nos dois primeiros capítulos, ganha substância em um esforço de aproximação dessa crítica ao campo do direito. Pretendemos dar evidência a algumas idéias importantes no campo ontológico, e escavamos o vínculo – permanente – entre o direito e a natureza. Quando o que tem valor é a tentativa de demonstrar a inexistência de laços sólidos entre a realidade normativa e sua dimensão valorativa, pretendemos ressaltar que o vigor metodológico, se é eficaz para a *ciência* do direito, corre o perigo de se perder em seus símbolos, que, autônomos, acabam imprimindo sua arrealidade última.

O retorno à ontologia pretende tornar crítica essa autonomização em sua base. Visamos, portanto, a dar maior realce ao fato de que o direito tem seu desenvolvimento na medida de seu vínculo com o natural. Esse fato se mostra recorrente em três momentos vitais da história do pensamento ocidental, notadamente também na história do direito: a formação do espírito filosófico grego; a filosofia prática representada pelo direito romano e; herança que se apresenta inteira ao jus racionalismo.

A demonstração desse argumento não é uma tarefa simples. Seu itinerário rigoroso exigiria a reconstrução da ontologia, tarefa que demandaria um esforço centrado na história da filosofia. Pretendemos trilhar o caminho do meio, nosso esforço concentra-se em uma abordagem histórica do pensamento filosófico, mas apresentando nosso argumento sob o fio condutor da formação do pensamento jurídico. Para tanto, daremos ênfase aos elementos que consubstanciam os conceitos comuns e também vitais – e próximos à compreensão de juristas, ainda que infinitamente mais ricos na reflexão filosófica –, como a idéia de natureza e de norma, de sujeito e indivíduo, de razão e justiça, dentre outros.

O primeiro capítulo, com um breve recurso à história da filosofia, pretende dar alicerce a nossos propósitos. Longe de uma reflexão sobre a história, o não menos ousado propósito é o pensamento em si mesmo. Nosso ponto de partida é a síntese histórica de Aristóteles. Nessa referência, buscamos autoridade para limitar os autores pré-socráticos que teríamos por objeto. Nessa leitura, tomamos ainda duas direções de apoio. Em Nietzsche, tivemos o apoio para acompanhar o impacto do pensamento de Anaximandro e Parmênides. A história geral dos pré-socráticos até Aristóteles tem por referência principal a obra de Reale e Chauí.

Metafísica, livro I, de Aristóteles, a rica reconstrução da história do pensamento filosófico, desde o período da Grécia arcaica até o período clássico nos dá o itinerário da permanência, sob signos diversos, da natureza como objeto do pensamento antigo e, mais que isso, dos limites dessa resposta para dar conta das causas e dos princípios de todas as coisas. Neste largo campo de pesquisa, a norma é compreendida como necessidade, indiferenciada da *physis*. A Metafísica ultrapassa os limites da pesquisa física e compreende o ser como substância e potência, em sua circunstância e significação. Nessa ontologia, a norma é outra vez alcançada, e sua circunstância de criação humana, subsumida mediante as novas categorias.

No mesmo campo da história do pensamento, a sugestão de Hegel, de que a magnífica capacidade dos gregos de estranhamento à natureza não logrou a formação de um espírito absolutamente liberto dessa mesma natureza: para o autor, o espírito grego esteve assim vinculado à natureza que procurou compreender. No sentido da formação do indivíduo representante de um espírito emancipado, foi o Estado e a jurisprudência Romana que representaram um papel decisivo. Tendo em vista que a instituição representa a supremacia do espírito, podemos conceber que outra vez a norma se encontra subsumida na compreensão maior da natureza ou do espírito e novamente desconsiderada como criação. A equação proposta por Hegel resolve o problema metodológico para oportunizar a compreensão do direito a parte da moralidade que o contamina. Na realidade, aquela é uma proposição original.

Nos capítulos dois e três, realizamos dois movimentos em torno do mesmo objeto: os elementos do diálogo do pensamento moderno com a tradição. Primeiro, a partir de uma leitura parcial da história do direito. Nessa área, discutimos como o direito conduz os pressupostos antigos, como os mantém e os modifica. No segundo movimento, sob a ótica da ciência moderna, refletimos como alguns de seus problemas e fundamentos se articulam com as questões postas pela filosofia clássica, como a ciência conduz seus pressupostos, como os mantém e como os modifica.

Pretendemos, nos argumentos postos nesses três primeiros capítulos, expor o diálogo com a tradição. E especialmente que a invenção da modernidade, implicou a supremacia do método, no direito e na ciência, que deu o vigor necessário à plena eficácia e domínio do conhecimento segundo o rigor de suas regras. Essa operação, entretanto, não demandou a renúncia à ontologia presente na metafísica da qual se desvencilhou. A emergência do pensamento firmou-se sob os fundamentos da ontologia que consagrada pela tradição socrática.

Sob essa reflexão, especialmente apoiada na idéia da crise especular da ciência, segundo Boaventura, rearticulamos a reflexão ontológica, para compreender em maior alcance o conteúdo da crise da ciência e do direito. O paradigma da ciência que estrutura o pensamento jurídico moderno, não obstante a inovação que representa, assenta-se sobre traços críticos da tradição filosófica. Olvidar esses laços não nos parece como solução adequada de nossos problemas, antes desvela uma atitude desastrosa, que vê o mal-estar naquilo que nos é constituinte. Avançamos, então, na reflexão crítica da ontologia herdada, com apoio em Cornelius Castoriadis.

O presente trabalho enfrenta, pois, a norma, desde uma reflexão ontológica, identificando a norma não exatamente naquilo em que a norma é criação humana, mas destacando a região onde a norma, como criação humana, é natureza. Pelos fundamentos que articulamos, procuramos nos desvencilhar de qualquer objetivismo, o que seria em hipótese muito próprio a um intuito dessa natureza.

Essa compreensão da norma como inserta na natureza mesma poderia ser melhor compreendida se substituíssemos a tradicional perspectiva da oposição entre *nomos x physis* pelo reconhecimento de uma pura tensão entre esses dois pólos. É essa a direção que propomos, quando percebemos que o próprio pensamento que se firma sobre o projeto disjuntivo, na verdade busca na articulação inafastável o fundamento irrefletido de todo o seu pensamento.

É esse o vínculo que pretendemos compreender afinal. E, reconhecendo-o, pensar um conceito próprio de autonomia, onde reconhecemos os instintos e os afetos que preenchem o plano do direito e das instituições.

1. O direito natural no estranhamento à natureza

1.1. Introdução

Nosso tempo se institui como história pela distinção. Mas a tradição comporta diferenças, tanto quanto os laços que as alcançam e tecem sua trama, a tradição comporta diferenças. Enredados, procuramos os fios invisíveis que nos embalam, confortam e imobilizam. São tênues linhas, tecidas da fina seda do pensamento. Muitos, encobertos. Originalmente enigmáticos, parece que adensam sentidos com a poeira que se faz no tempo que os distancia; que se fortalecem no esquecimento onde seus fios parecem perdidos. Os que se aproximaram da concretude animaram outros movimentos e legaram outros sentidos a nos apontar direções. Caminhos que nos cercam, sem que tenhamos em mãos a ponta dos fios que podem segredar as trilhas de volta; a ordem é seguir, mas como se não houvesse retorno possível, como se nos perdêssemos ao adentrar seu universo.

O pensamento que nos constitui parece perdido em outro mundo, em seu próprio enigma. Mas foi a imaginação que tomamos por fundamento e a afundamos no ato de nossa salvação. Ressurretos, deixamos para trás o corpo e principalmente o espírito que nos deu o sopro. Diante de novas imagens, deixamos perdidos os caminhos do retorno à origem de nossa própria distinção, ao material dos fios com os quais urdimos a diferença.

A direção que tomamos assume-se contracorrente. A luz que se nos permite, no alcance de nossa força, está dirigida aos fios tecidos do fino pensamento, encobertos de poeira, ressignificados no tempo. O itinerário da crítica ao paradigma do pensamento jurídico, que nos motiva, demanda a pesquisa dos fios que o constituem.

O presente capítulo mitiga a idéia de que a modernidade representa um corte profundo na tradição do pensamento, afirma que o corte que a modernidade realiza não alcança a concepção ontológica que se tornou predominante com a tradição socrática. A construção desse argumento demanda a direção do pensamento clássico.[1] É o caminho adotado nessa seção.

Na direção eleita, procuramos o maior envolvimento possível com o nosso objeto, visando a alcançar o diálogo vivo com a tradição. Como instrumento para uma aproximação de tão denso universo, combinamos o estudo em fontes diretas, a exemplo da Metafísica de Aristóteles e da Filosofia da História de Hegel, apoiado na sistematização histórica, especialmente em Geovanne Reale e Marilena Chauí.

Nessa senda, temos o par natureza/norma como alvo. Recusamos por princípio a idéia de que o pensamento ocidental, em qualquer de suas fases, tenha logrado êxito na utopia de separação absoluta desse par. A modernidade se afastou, sim, da natureza. Mas um deslocamento precário. Em dois sentidos: porque a aproveitou como pressuposto (e o esqueceu, mantendo-o irrefletido); porque a natureza cobra (por vezes como tragédia) a recompensa dessa irreflexão.

Uma das características da modernidade é a disjunção homem e natureza, com o conseqüente desprezo da dimensão natural da cultura. Mas esse fato implica uma profunda aporia, porque tal separação não tem lugar nos pressupostos do pensamento moderno e é crítica na realidade efetiva. A sofística permitiu efetivamente essa idéia (disjuntiva), mas não foi (esse) o destino de nossa tradição. As soluções empiristas e racionalistas até indicam que a separação seria possível, mas tão-só como recurso metodológico, instrumental. Essa concepção confirma e se fortalece com o pressuposto que se tornou forte no pensamento socrático-platônico. Mas também não foi esse o nosso destino, que se abriu à disjunção. Então, se a disjunção é a característica que se parece sólida em nosso tempo – enquanto se parece impossível na ontologia a que se socorre o pensar –, resta considerar a aporia, identificando que o pressuposto é constituinte, mas irrefletido e negado a um só tempo.

É esse o itinerário do presente capítulo. Ao fim, com apoio na filosofia da história de Hegel, assumimos o discurso para indicar, desde uma concepção metafísica, que o engendramento da norma a partir da natureza não a desconfigura – nem como natureza, nem como norma –, ao tempo que permite pensar, e o fazer de forma metodológica – segundo os preceitos da ciência na atualidade –, a

---

[1] No próximo capítulo, retomaremos essa questão sob o ângulo da perspectiva da superação desses elementos, quando o direito ganha seus traços iniciais de ciência positiva.

natureza e sua positividade. Hegel assume essa perspectiva. Se a metafísica não possibilitasse a ciência, tampouco teríamos ciência moderna – e direito (ciência!) moderno. Não estamos distantes das acepções modernas do direito, que realizam semelhante operação, sem lhe reconhecer o fundamento metafísico: só admitem a natureza constitutiva do mundo como condição de negá-la na ciência, na ética, na moral, na vida do mundo, enfim.

1.2. A síntese aristotélica

Na Metafísica, Aristóteles destaca que o desejo de conhecimento é natural aos homens. As sensações são vitais ao processo do conhecimento, mas essa capacidade é indistinta a homens e animais. As sensações permitem as operações conjuntistas identitárias do saber, como diferenciar, distinguir, juntar, reunir.[2]

A inteligência requer a capacidade de memória dos sentidos, sendo mais inteligentes os animais que a possuem. A recordação é condição da experiência, da qual os animais só têm pequena parcela. A espécie humana, além da plena capacidade de experiência, "(vive) também da arte e de raciocínios".[3] Assemelhada à ciência e à arte, a experiência é um requisito mesmo destas, na medida em que oportuniza a abstração, ou o "juízo universal dos (casos) semelhantes",[4] faculdade que distingue a espécie humana.

O conhecimento que se adquire da experiência direta está vinculado ao particular, daí distinguindo-se da arte e da ciência, que têm por característica um conteúdo teórico. Não é a eficiência como resultado que distingue essas duas dimensões, mas o fato de que o objeto da arte é o conhecimento universal dos particulares e, sobretudo, a razão destes, ao invés do conhecimento particular dos fatos. Aristóteles classifica a ciência por sua utilidade, ou grau de universalidade, daí resultando uma espécie de gradação da ciência. O saber da ciência filosófica é aquele que se dirige pelo amor, liberto da utilidade e visa ao saber por ele mesmo; em relação às ciências particulares, que também atentam às causas primeiras e aos princípios de seus objetos, a filosofia é mais universal, enquanto as ciências estão afeitas aos seus objetos particulares.

---

[2] Cf. CASTORIADIS, C. *Instituição imaginária da sociedade*. II Parte. Rio de Janeiro: Paz e Terra, 1982.

[3] ARISTÓTELES. *Metafísica*. São Paulo: Abril Cultural, v. 1, 1979, p. 11. (Os pensadores)

[4] ARISTÓTELES, Op. cit., p. 11.

Aristóteles investiga a história da filosofia[5] a partir da teoria das causas, que concebe que a causa primeira de todas as coisas encerra quatro sentidos: a causa material, a causa eficiente, a causa formal e a causa final. Assim, pretende demonstrar que o pensamento que o precedeu não alcançou a complexidade da natureza das coisas e seu movimento e que as respostas oferecidas, mesmo em sua parcialidade, de certa maneira confirmam os fundamentos da metafísica. Nessa direção, sua investigação procura demonstrar que a questão da ontologia não fora, até então, corretamente colocada.

Como os filósofos identificam, pois, as causas e os princípios? De acordo com Aristóteles, no preâmbulo do pensamento filosófico, de formas distintas quanto ao número e à natureza dos princípios, a maior parte dos pensadores considerou o princípio de todas as coisas a partir da natureza física. Sob a premissa já posta, de causa material (ou também de sua causa formal),[6] pois tomaram "como princípios de todas as coisas unicamente os que são de natureza da matéria".[7]

Tales de Mileto, ao identificar a *physis*,[8] distingue a causa material, ao divisar num elemento – a água – a natureza essencial, o processo de geração e o desenvolvimento de todas as coisas. De outra forma, para Anexímenes, o ar, o fogo, para Heráclito de Éfeso ou, acrescentando a terra a estes elementos, a água, o ar, o fogo e a terra, para Empédocles.

Entre os jônicos, que se ocuparam dos princípios e das causas enquanto natureza física, destaca-se o gênio de Anaximandro, que percebe a incoerência da circularidade da resposta física – um princípio determinado, *peras* –, e desenha o argumento contraposto do princípio como *apeíron*, indeterminado. A resposta física requer resposta, pois o que vem a ser se resolve, obedece à sentença inexorável e retorna a seu fundamento: "De onde todas as coisas têm seu nascimento, ali também devem ir ao fundo, segundo a necessidade; pois têm de pagar penitência e de ser julgadas por suas injustiças,

---

[5] Para Heidegger, "Quando Hegel diz de Aristóteles que ele é tão filósofo quanto erudito, isto significa que Aristóteles vê os primeiros pensadores sob o ponto de vista histórico, no horizonte e na escala de sua Física". Aristóteles, ibid., p. 20.

[6] À medida que à matéria se lhe foi atribuída inteligência, por conseqüência, causa essencial ou formal. Mas, observa, essa questão não foi posta diretamente pelos antigos.

[7] Ibid., p. 16.

[8] Souza, J. Cavalcante observa que, aos gregos antigos, *physis* era expressa na acepção de fonte originária e de processo de desenvolvimento. No mesmo sentido, Marilena Chauí observa o significado de "disposição espontânea e natureza própria do ser". Cf. SOUZA, J. Cavalcante. *Os pré-socráticos: vida e Obra*. 2. ed. São Paulo: Abril Cultural, 1978 (Os pensadores) e; CHAUÍ, Marilena. *Introdução à história da filosofia 1, dos pré-socráticos a Aristóteles*. 2. ed. revista e ampliada, São Paulo: Cia. Das Letras, 2002, p. 509, glossário sob supervisão de Anna Lia Amaral de Almeida Prado.

conforme a ordem do tempo".[9] Se perecer é o destino de tudo o que vem a ser, nada da determinação, da qualidade do que é (e que perece sempre!) pode justificá-lo; de outra maneira, seria ele mesmo corruptível. O princípio não é dessa qualidade, não se corrompe. Não é finito, pois. É sem tempo, número ou lugar.

O movimento pelo qual as coisas têm sua existência merece uma distinção: estar salvo desse destino. Esse reconhecimento, em Anaximandro, Nietzsche interpreta com a imagem de um "salto no Indeterminado, no indeterminável, através do qual Anaximandro escapara de uma vez por todas ao reino do vir-a-ser e de suas qualidades empíricas dadas".[10]

As coisas da ordem dos fenômenos, em sua natureza desvanecida, têm qualidade diferente da do ser originário. A determinação no sentido temporal, espacial e material só alcança a ordem – dos fenômenos – corruptível do mundo. Assim, o mundo é visto de uma maneira particular, destacando-se na ordem do fenômeno algo além de sua natureza física. Nietzsche vislumbra aí o gênio e o limite de Anaximandro, em vista da indagação radical da proposição de Tales de Mileto, sobre a (im)possibilidade da pluralidade a partir da unidade eterna representada pelo elemento físico e do impasse ante a própria questão que exsurge dessa negação: o fluxo sempre renovado do vir-a-ser só possui amparo seguro na resposta mística do ser eterno.

De acordo com Nietzsche, tudo o que, para Anaximandro, *é* na ordem do fenômeno representa uma emancipação do ser eterno. Enquanto princípio, o ser eterno não participa como positividade no fenômeno, mas enquanto falta ou negação, condição de sua permanência como eterno princípio, de sua natureza indeterminada e ilimitada. As coisas da ordem do mundo não têm sua origem identificada nem mesmo no instante complexo determinado/indeterminado, pois o indeterminado só participa do fenômeno como negação/ausência de si. A imagem de Nietzsche não é a do instante, é a do salto no indeterminado. E o movimento de passagem ao ser, onde a negação se realiza como positividade no ser material, é um problema que resta insolúvel.

Os elementos físicos dos demais jônicos experimentam a inexorável penitência própria da existência e não se prestam a princípio, porque são determinados e finitos, enquanto o ser originário não está preso a determinações, pois não está em nenhum lugar e nem

---

[9] NIETZSCHE, F. *A filosofia na época trágica dos gregos*. São Paulo: Abril Cultural, 1982, p. 17. (Os pensadores)

[10] Ibid., p. 147.

é de nenhuma qualidade: "o ser originário, assim denominado, está acima do vir-a-ser e, justamente por isso, garante eternidade e o curso ininterrupto do vir-a-ser".[11] De outra forma, o verdadeiro ser está fora do mundo, o que justifica uma orientação teológica.

O refúgio de Anaximandro ante a questão do vir-a-ser, determinado e eterno, possui um caráter místico. Para Reale, está aí o alcance pretendido por Aristóteles, no preâmbulo da Metafísica, ao diferenciar Anaximandro da maior parte de filósofos que distinguiram a questão filosófica com a natureza como resposta: o refúgio de Anaximandro na dimensão divina do ser eterno o reconcilia com a escola de Mileto, pois, malgrado o caráter teológico de sua resposta à questão da origem, a idéia do divino naquela filosofia está presidida pela mesma concepção naturalista da maior parte daqueles pensadores. Além dessa identidade, Nietzsche vê a direção do indeterminado como uma abertura extraordinária do pensamento, que não comporta paralelo em sua era.

Para a Metafísica, a solução ao problema da filosofia com arrimo na natureza física só responde à questão das causas e dos princípios de todas as coisas se tomada na significação ampla do termo *physis*, como fonte originária e de processo de desenvolvimento. Uma resposta indireta. Rigorosamente, a identificação do princípio de onde provêm as coisas não responde ao problema mesmo do movimento de todas elas, de sua causa eficiente, ou de seu telos, ou causa final, pois, "ainda que toda a geração e toda a corrupção procedam de um único principio ou de vários, por que é que isso acontece e qual a causa?".[12]

Comentando a respeito dos pitagóricos, Reale observa que as causas são categorias posteriores, fato esse alertado por Aristóteles. O historiador italiano, para se aproximar da estrutura do pensamento itálico, recorrendo igualmente à categoria posterior, utiliza a expressão princípio integral, com a qual abrange os princípios material, formal e eficiente. Pensamos que essa idéia pode ser aplicada ao pensamento de Anaximandro, tendo em conta que além do indeterminado como princípio (material), do refúgio no mítico (natureza) como forma, ocupa-se também da causa eficiente, pensando o processo, a estrutura de oposição pela qual as coisas têm realidade.

Para Aristóteles, a transformação do ser obedece a um complexo de causas e se faz segundo um sentido;[13] a causa material, ou a na-

---

[11] NIETZSCHE, F. *A filosofia na época trágica dos gregos*. Op. cit., p. 18.

[12] Aristóteles. *Metafísica*. São Paulo: Abril Cultural, v. 1, p. 17, 1982. (Os pensadores).

[13] O ser e a substância nele inscrita dá unidade ontológica e possibilita o devir, sem corromper a unidade e sem subtrair-lhe a dinâmica. Nessa ontologia, ser é pensado a partir de alhures, não por ele mesmo,

tureza da matéria, só encerra em parte esse movimento. Na resposta da maioria dos jônicos, de certa maneira pode-se antever que, além da causa material, resta implícita a causa formal, tendo em vista que o princípio, uno ou múltiplo, múltiplo reduzido a um, anima o movimento, por depositário da (ou constituir a) alma, ou a natureza, constituindo assim a causa formal de todo o movimento.

A escola Eleata[14] dialoga com a sentença de Anaximandro, que livra o ser do corruptível, com a proposição de que o mundo o é por emancipação da ordem do ser, de que a existência de todas as coisas é de um lado negação do ser eterno e, por outro, o fluxo de seu vir-a-ser alimenta-se da eternidade do princípio. A emancipação do ser eterno permite tanto o nascer quanto o inexorável fenecer do que existe, em movimento notabilizado por sua temporalidade. O movimento contínuo do vir-a-ser apóia-se na permanência mesma do princípio imóvel, mas só é possível enquanto não contamina a perfeição e a unidade mesma do princípio.

Como em Anaximandro, o ser para Parmênides é eterno, ingênito, incorruptível, imutável, imóvel, não tem passado nem futuro. Mas o Eleata pensa o ser de forma diversa. Parmênides está preso às próprias proposições ontológicas, o que o limita a pensar o vir-a-ser e torna aporéticas as suas justificativas do processo de negação entre pares de opostos negativos e positivos que engendram, por negação ou falta do positivo, o nascer e o fenecer. Para Aristóteles é a contradição como princípio. Nietzsche explica que Parmênides, na proposição, em vez das expressões "positivo" e "negativo" tomava os rígidos termos "ser" e "não-ser" e chegava com isso à tese (em contradição a Anaximandro) de que nosso mundo contém algo de ser e, sem dúvida, algo de não-ser. Não se deve procurar o ser fora do mundo e como que acima do nosso horizonte; deve-se buscá-lo diante de nós: todo vir-a-ser contem algo de ser em atividade.[15]

O processo do vir-a-ser, ainda segundo Nietzsche, permanece um problema insolúvel, só "resolvido" mediante o recurso à mística da ocultação. Podemos compreender porque é insolúvel, com apoio em Reale:

---

reflexão que, aliás, marca, para Castoriadis, o pensamento herdado. A respeito, ver a bibliografia do autor citada, especialmente CASTORIADIS, C. *Instituição imaginária da sociedade*. II Parte. Rio de Janeiro: Paz e Terra, 1982.

[14] Xenófanes, Melisso e Parmênides: segundo notas de Joaquim de Carvalho à edição de Metafísica aqui utilizada, Reale apresenta argumentos contrários à filiação de Xenófanes, como o fato de que sua temática é mais teológica que ontológica. Nossa reflexão atenta a Parmênides, tendo em vista a questão ontológica que aí se inaugura.

[15] NIETZSCHE, ibid., p. 147.

é impossível que tenha sido gerado, enquanto, se assim fosse, deveria derivar ou do não-ser ou do ser: do não-ser é impossível, porque o não-ser não é; do ser é igualmente impossível, porque já seria e não nasceria. E pelas mesmas razões é impossível que se corrompa.[16]

Insolúvel se apresenta como aporia, pois ao processo do vir-a-ser, inicialmente, vê-se a ação conjugada do ser e do não-ser; porque ao fluxo é necessário que se responda quais os princípios e as causas do nascer e do perecer, de forma que, se o ser sempre é, é preciso algo mais para justificar o movimento contínuo. Para Parmênides, diz Nietzsche, "nascer precisa igualmente realizar-se pelo auxílio do não-ser: pois o ser está sempre presente e não poderia, por si mesmo, nascer nem explicar nenhum nascer".[17] Então esta lógica afirma o não-ser no vir-a-ser e nas coisas que são. Em si, um conflito lógico insuperável com a afirmação ontológica, pois se o não-ser não é e não pode ser, se em sua negatividade é destituído de qualidade, afirmá-lo como elemento do vir-a-ser implicaria a asserção aporética.

Atribuir uma qualidade em potência ao não-ser, uma hipótese de ser ao que não é. Como o vir-a-ser, se o não-ser não pode engendrar qualidade e se o ser não pode ser pensado como algo que não era? Pensar o ser no fluxo equivale a gravar-lhe um início, datá-lo, determiná-lo no tempo e a qualidade material de sua existência. Outra vez com Nietzsche: "É válida em geral a proposição: tudo o que pode ser dito "foi" ou "será" não é; do ser, entretanto, nunca pode ser dito 'não é'". Daí as características do ser, para a ontologia de Parmênides:

o ser é indivisível (...) imóvel (...) acabado e um infinito dado por acabado é uma contradição. Assim, limitado, acabado, imóvel, em equilíbrio, em todos os pontos igualmente perfeito, como uma esfera, ele paira, mas não em um espaço. Mas não podem existir vários seres (...) Assim, existe apenas uma Unidade eterna.[18]

A ontologia que aí se funda constrói uma forte idéia de ser. No sistema de Parmênides, para a via da verdade, o não-ser não é e não pode ser objeto de pesquisa; não é objeto pensável, porque o pensável está vinculado ao ser, e só o ser é pensável, e o não-ser, impensável. A origem do ser não tem comunicação com o impensável, o não-ser, uma vez que o não-ser não gera o ser. A referência ao nascimento e ao perecimento do ser, como acima exposto, resta na mística da ocultação, e a verdadeira consideração de sua geração e fenecimento, não podendo ser enfrentada, reforça o próprio prin-

---

[16] REALE, Giovanni. *História da Filosofia Antiga.* livro I. Trad. Marcelo Perine. São Paulo: Loyola, 1993, p. 109.

[17] F. Nietzsche, Idem, p. 147.

[18] F. Nietzsche, Idem, p. 149.

cípio da identidade, pois, se o ser não pode ser gerado do nada, só podemos conceber o novo como o mesmo.

Um ser que não é gerado, nem se corrompe ou fenece, é íntegro, imutável, existe sempre, é eterno. Daí resultam outros fortes traços dessa ontologia. Que o ser é eterno, que não nasce, nem morre e coloca-se o problema do tempo: de onde o passado e o futuro? No mesmo sentido: como pensar o determinado e o indeterminado? Na dimensão temporal, o infinito é indeterminado, no sentido da qualidade, o que não pode advir do nada, que é igual a ele mesmo, tem sua qualidade determinada. A aporia fundamental dos Eleatas advém dessa ontologia e da tentativa de explicar o fenômeno sem abandonar e mesmo reafirmando esses fundamentos ontológicos, os princípios da identidade e da contradição, de que só o ser é, e o não-ser não é; de que é mesmo impossível pensar a emergência a partir de outro que não o ser.

Na natureza imóvel, una, eterna, o fenômeno do movimento só pode ser exprimido como aporia. O sistema de Parmênides é presidido pelos princípios da identidade e da não-contradição: só o ser é – princípio da identidade –, e o não-ser não é e é impossível de ser pensado – princípio da contradição.

A investigação do ser é presidida pelo princípio da verdade, para o qual o ser é e não pode não-ser; o não-ser não é e não pode ser de modo algum. Os sentidos[19] captam imediatamente o movimento, o devir. Para os sentidos, ser é símio ao não-ser, razão de constituir a via do erro. Entretanto, o mundo é em um forte sentido o que brilha diante dos olhos, o fenômeno, as coisas em seu movimento mesmo, evidência percebida como uma terceira direção, a via da opinião, próxima à via do erro, com dignidade distinta desta.[20]

Retornando à condução da Metafísica, tanto quanto o mundo físico, seu acontecimento e sua transformação, Aristóteles observa que a filosofia tem diante de si o fato de que o mundo e sua dinâmica se nos apresentam segundo uma ordem, um certo sentido. A indagação filosófica sobre as causas e os princípios de todas as coisas deve ocupar-se dessa realidade, ou desse modo de ser do mundo,

---

[19] Nietzsche F., na obra citada, p. 150, vê nesta categorização do conhecimento submetida à ontologia, por Parmênides, uma chave que desenha os limites da investigação posterior: "através disso, ele repentinamente separou os sentidos e a capacidade de pensar abstrações, a razão, como se fossem duas faculdades inteiramente distintas, desintegrou o próprio intelecto e animou aquela divisão completamente errônea entre o corpo e o espírito que, especialmente desde Platão, pesa sobre a filosofia como uma maldição".

[20] Percepção esvaziada ante a rigidez dessa ontologia. Reale vê uma virada na interpretação de Parmênides, a qual reconhece uma concessão "às 'aparências', adequadamente entendidas, certa plausibilidade e, portanto, de reconhecer alguma validade aos sentidos"; Reale, Giovanni, ibid.. p. 114.

dirigir-se a essa dimensão de ordem e do belo que constituem a sua substância.

A resposta física ou naturalista, tanto quanto a percepção ontológica em sua formatação originária, não alcança esse fim, pois a causa apontada não alcança o princípio que anima o movimento, só o tangencia em se considerando a ampla acepção do termo *physis* ou a atribuição, ainda naturalista, a uma dimensão divina da natureza. A idéia de uma Inteligência da natureza, como causa do mundo e da ordem universal, em si, não se afasta da resposta dos primeiros filósofos, mas tem a grandeza, de acordo com Aristóteles, de colocar efetivamente a causa eficiente como um problema destacado.

Os pluralistas, de forma difusa, expuseram o problema do princípio do movimento quando distinguiram as forças contrárias existentes na ordem do mundo, o bem como causa da amizade e o mal na origem da discórdia. De forma vaga, viram o princípio, além da matéria, na origem das coisas. Essa percepção de Empédocles, para Aristóteles, é confusa, mas teve o mérito de uma distinção mais clara que a da Inteligência da natureza, segundo Anaxágoras, na origem dos movimentos, por conceber dois princípios diferentes e contrários, que interagem com uma natureza material em pares de opostos, entre o fogo e a terra, ar e a água como seu contrário.

Os atomistas trataram sob outra ótica a questão ontológica na possibilidade do vazio ou do não-ser. Essa é uma questão que continua na raiz do debate, tendo em vista que o pressuposto do espaço – onde o átomo se movimenta –, para a existência do ser, rigorosamente, alcança essa dimensão na perspectiva ontológica. Daí a plena existência do vazio, ou do não-ser, tanto quanto o ser e "estas são as causas dos seres enquanto matéria".[21]

Ao atribuírem à natureza os mesmos princípios da matemática, do número e seus elementos,[22] os pitagóricos realizaram uma importante hipótese sobre os princípios de todas as coisas. Os princípios possuem maior grau de abstração e não advêm de um objeto físico, sensível, antes está em todos eles, materializa-se, como relação, nos sensíveis e no seu sentido, nas suas características, como a harmonia. Essa operação lhes permitiu reconstruir a natureza como sistema. Seus princípios são de um sistema. E compreendem o cosmo como o resultado da relação de seus elementos primários. Há um juízo de racionalidade como pressuposto, pelo qual se percebe o cosmo se-

---

[21] Aristóteles. *Metafísica*. São Paulo: Abril Cultural, v. 1, 1982, p. 20. (Os pensadores).

[22] O ímpar e o par e o parímpar, o indeterminado e o determinante e a relação, o limite, o número. O par pressupõe o elemento ilimitado, o infinito e o nada. O ímpar a predominância do elemento limitante. O número é a relação.

gundo o logos. Desta feita, os pitagóricos propõem uma espécie de modelo que lhes permite compreender a ordem dos seres, a ordem, a justiça, a alma, a inteligência, à forma do número.

Aristóteles pretende demonstrar que as respostas do pensamento filosófico aos princípios e às causas de todas as coisas não alcançaram a complexidade da natureza das coisas e seu movimento. Essa parcialidade representa, em certa medida, uma dupla confirmação: que o pensamento dos primeiros filósofos, mesmo diante de seus limites, na realidade tinha por objeto bem mais que a física e; que não existem causas outras fora daquelas apontadas em sua teoria.

1.3. Da natureza como norma à norma como natureza

Os pensadores até aqui nominados apresentam, em comum, elementos da própria *physis* como resposta ao problema da filosofia. Como afirmado, a ampla significação de *physis*, para os primeiros filósofos alcançava indiretamente o movimento do ser e sua ordem. Quando tomamos as reflexões acima, a respeito da sentença de Anaximandro, ou das aporias próprias da forte ontologia de Parmênides, por exemplo, vemos duas direções dessa subsunção, onde a noção mesma de ampla significação da *physis* já considera a natureza dotada de ordem e não era capaz de sustentar a separação entre *physis* e *nomos*.

Para Anaximandro, em uma perspectiva afirmativa, a ordem dos fenômenos reclama um fundamento outro, e uma ordem a ela preexistente; com Parmênides, a aporia de um não-ser que não é e não pode ser, mas que de certa forma está compreendido como negação no vir-a-ser, oculta toda a dimensão do fluxo de todas as coisas e por essa via também a justificação do equilíbrio próprio do movimento bem ordenado. Nos dois casos, o fundamento da ordem parece ter dignidade própria, mas está igualmente subsumido na compreensão da natureza e não se deixa captar inteiramente por aquele pensamento racional.

A conclusão de que na *polis* da época a norma ainda não possuía plena autonomia em relação à *physis* é uma afirmação de larga validade. O processo de "separação" da norma em relação à *physis* registra um importante enigma para todo o pensamento da norma jurídica. Afirmar que esse apartar, que consigna o surgimento da norma como criação humana, tenha tido o significado da emergência de um objeto puramente "cultural" (na ausência de uma melhor expressão, por oposição radical a um "objeto natural") poderia ser uma conclusão precipitada, tendo em vista a denotação de uma criação puramente humana, cuja sorte dependeria da prudência de seus artífices. O pressuposto de um tal pensamento, entretanto, é crítico, pois implicaria compreender a norma de forma distinta da tradição.

Realizamos uma inflexão em nosso excurso para breve comento desse apartar entre norma e natureza. Aristóteles nos remete ao fato de que já os fisicalistas – por sob a imagem da inteligência do mundo, por exemplo, ou do número dos pitagóricos –, ensaiam uma aproximação a não-sensíveis que se insinuam no princípio. Mas a virada do pensamento, observa, dá-se a partir do desenvolvimento da idéia de Sócrates, por Platão, da consideração dos objetos não sensíveis na reflexão sobre o princípio.

De fato, ao passo que amplia a compreensão de natureza, esse reconhecimento dá liberdade ao pensamento. Tendo por objeto os não-sensíveis, o espírito pode se liberar da natureza material e se deparar consigo na inominável amplidão.[23] Mas, destacamos, o conceito de natureza é ampliado pela percepção dos não-sensíveis; portanto, é a ontologia que revela o espírito que contempla.

Recorremos à imagem[24] de Nietzsche, para a aporia de Anaximandro, do salto no indeterminado e do refúgio como apropriada a essa virada. A percepção dos não-sensíveis coloca o homem diante de uma abertura sem fim para toda ordem do ser e para o não-ser. O

---

[23] Hegel observa da religiosidade dos gregos um processo de espiritualização das divindades recebidas dos orientais, no qual, ao emprestar-lhes características humanas, concedem-nos a dignidade divina; mas esse processo não foi tão forte quanto no cristianismo, onde Deus é o próprio Homem. A percepção dos não sensíveis na natureza poderia ser pensada como uma descontinuidade, como de fato o é; e também – insistindo na aproximação da racionalidade da filosofia ao mito do qual se desvencilhou –, como uma continuidade, por outros meios, do processo que iniciara com a mitologia. Nessa hipótese – a qual não pretendemos dar qualquer desenvolvimento, mas não deixamos de anotá-la lateralmente, ao fim da página –, a divindade é reconhecida na alma do mundo. A inovação é a potência que se credita ao homem como portador da centelha da vida, do segredo – que seria também o pecado original –, do conhecimento como a chave do tesouro para a sua própria essência.

[24] Utilizamo-nos da imagem para resguardar a hipótese que se abre, com o salto no interminado, da indeterminação mesma como elemento intrínseco desse pensamento. Ainda que irrefletido, esquecido, presente. E se insinua em discussões extremamente atuais, como a questão do conhecimento do criador, a qual em parte nos apoiamos no capítulo seguinte. E também na questão da linguagem, que se desdobra no direito e que pretendíamos nos aproximar no capítulo quarto. É o problema, enfim, que está na origem, que permeia nosso problema. A aplicação da imagem do salto no indeterminado, ao reconhecimento dos objetos não sensíveis como constituinte da natureza pretende assim reverenciar a potência, a força do pensamento e destacar que ele abre outras hipóteses, além da reconciliação proposta no refúgio. Temos por hipótese que o refúgio é a senda que predomina nesse pensamento e na tradição posterior. Então, é esse o norte que temos em nosso desenvolvimento, especialmente quando demos ênfase à ciência como forma de acesso à essência e mais ainda quando denunciamos aí uma concepção ontológica da norma, uma norma derivada do ser que já-é.

refúgio de Anaximandro não é o enigma da religião, mas a fantasia de um saber que alcança o essencial – a nova religião, em razão da qual morreu Sócrates. Por esse precário movimento – de um refúgio que ganha conteúdo lógico –, transfigurado em razão, ele afasta-se do objeto sensível como causa e oportuniza uma reflexão mais larga sobre a substância, a razão de todas as coisas, e sobre os processos, os fluxos, que não guardam relação direta com os sensíveis, dentre eles a norma, a justiça, a liberdade, a *polis*, a constituição.

Essa construção teórica tem o sentido de uma reabsorção dos não-sensíveis pela rigidez de uma ontologia que a tudo abrange – o salto no indeterminado –, e que só admite o desconhecido na condição de sua cognoscibilidade – o refúgio. Verdadeiramente, não admite a emergência do novo, de uma nova norma, de uma nova ética, ambas objetos não-sensíveis.

No entanto, o deslocamento radical da norma em direção de sua autonomia frente à natureza foi alentado no debate posto pelos sofistas,[25] um hiato na passagem da compreensão da natureza como norma para a idéia universal da norma como natureza. A inflexão no pensamento realizada pelos sofistas, identifica a ordem moral com um objeto distinto da natureza, desloca a centralidade da reflexão filosófica, dos objetos sensíveis aos não sensíveis, e nega a presunção de valor implícita naquela filosofia.

A inversão do objeto da pesquisa elide a existência de um critério para a identificação do ser e do princípio. Ao mesmo tempo, a consagração de um objeto caracterizado pela abertura absoluta implica admitir a ocorrência de fundamentos e verdades diversas e com isso a emergência de uma norma independente da *physis*, apoiada exclusivamente na argumentação, que passa a desempenhar um papel central para os sofistas.

A emergência desse movimento teórico tem como correspondência histórica o decurso do século V a.C., tempo de mudanças estruturais e de reformas legislativas que resultaram na criação da democracia. As alterações normativas efetivaram mudanças em meio a um rico processo no qual se destaca a reorganização econô-

---

[25] Reflexão também posta na Tragédia, como em Antígona, de Sófocles. Sob essa nota, portanto, reafirmamos que a tensão entre a ordem positiva e a natural estava presente naquele universo. A questão é mais complexa, pois o conflito em torno do direito dos tempos imemoriais abrange não é apenas o do indivíduo, abrange a própria cidade. Isto é, a cidade não é apenas sua dimensão positiva. Nesse sentido, podemos refletir que o conflito entre direitos os alcança em sua qualidade de natureza. Mais uma questão intrigante. A direção que tomamos aponta à tensão que os sofistas representam na percepção da norma como desdobramento da natureza. Não discutiremos a idéia da oposição mesma, a antítese natureza x cultura. Nosso enfoque, menos arrojado, se dirige ao afastamento dessas esferas, com Protágoras e Górgias e à abertura radical à hipótese de criação humana da norma, o que demanda outro paradigma, mas não é o mesmo que antítese natureza x cultura.

mica da cidade, com a abertura para o comércio, as relações com outras culturas, a emergência de novos ricos e a conseqüente crise do poder e dos valores da aristocracia. Com Hegel podemos destacar, entretanto, que mesmo apoiada em valores cristalizados, que lhe asseguram o poder, para a própria aristocracia este poder não era perene: sua manutenção estava na dependência de critérios morais, como a honra e a virtude. Já a democracia – considerando as mudanças históricas – só poderia suportar um equilíbrio razoável, tendo em vista que a norma estava na relação direta da racionalidade possível, exercida no espaço público.

Duas distinções metodológicas nos são importantes para apoiar essa apreciação. Em primeiro lugar, os sofistas reorientaram o objeto da pesquisa filosófica, da *physis* para a dimensão humana, como a ética, a política e a retórica, inaugurando o período humanista da filosofia antiga. Outra razão é que os sofistas deram à filosofia uma utilidade, no sentido prático, associando-a a finalidades da ação humana. Não consagramos ou subtraímos qualquer valor a esse feito. Temos por objeto desse fato destacar a hipótese de que a reflexão sofista aponta para uma ontologia diversa, que abre a possibilidade da criação radical e desloca, por conseqüência, a centralidade de uma verdade universal.

Desse processo relevamos duas conseqüências: da tese de que a ciência que se constrói da utilidade, a partir dos sofistas, o conhecimento, antes vinculado ao princípio, passa a não coincidir obrigatoriamente com o necessário, pois pode se realizar em sua própria contingência; e essa hipótese mesma, da criação humana do conhecimento e de seu objeto, implica, pelo menos enquanto potência, a idéia da criação de uma ordem, de uma lógica própria da *polis* que não seja desdobramento do cosmos.

A virada em direção antropocêntrica alcança toda a reflexão ontológica dos naturalistas. No traço marcante dos primeiros pensadores, a reflexão sobre o ser afasta o não-ser e quando o vislumbra o encobre essa abertura sob o manto da teologia (refúgio após o salto no indeterminado) e/ou reconcilia o pensamento, como aporia, em uma dimensão mais ampla da natureza. Compreendida na acepção ampla de *physis*, a ordem é uma espécie de desdobramento do seu ser e o debate a seu respeito alcança as idéias de verdade e de certeza que se desdobram da ciência dos princípios.

As idéias de Protágoras ou de Górgias, dois dos mais reconhecidos representantes desse pensamento, por exemplo, viram de ponta-cabeça esse paradigma. Protágoras tem como princípio o homem individual como medida de todas as coisas. Reale[26] observa que medida tem o significado de norma de juízo singular, enquanto as coisas representam todos os fatos. O princípio tem o alcance de uma inflexão metodológica, pois a norma passa a independer da problemática do ser e do não-ser, tanto quanto de sua cognoscibilidade. Com a descentralização do debate em torno do fundamento ontológico, as ilações morais decorrentes dos naturalistas perdem sustentação. Na sistemática que inaugura, as normas perdem, por conseqüência, sua abrangência universal, vinculando-se ao relativismo do juízo singular.

Desvinculados de seu fundamento de natureza, os valores perdem sua validez universal e absoluta. Subordinados ao homem-medida, os valores revestem-se de um relativismo e a questão da justificação guarda razão direta com a razoabilidade de seus argumentos: o relativismo abriga a compreensão da diversidade de razões em torno dos valores. Nesse quadro, a cena passa a ser ocupada pela razão articulada em torno do discurso, pois, como juízo singular de todos os fatos, o homem pode ter boas razões – e argumentos – para reconhecer – e demonstrar – o conteúdo positivo ou negativo de um valor.

Protágoras, como os demais sofistas, ocupou-se em muito dessa arte. Mas não esteve livre da contradição em vista de seu princípio. É que a idéia do homem-medida e do conseqüente relativismo de valores não impediu a emergência de um elemento que parece estar acima ou ao largo do princípio e que se estrutura no pensamento como critério de decisão, aquilo que é útil ou prejudicial. O útil e o prejudicial são o verdadeiro critério da sabedoria e não dependem do juízo singular, assumindo assim um conteúdo objetivo e universal. A ética afasta-se da natureza, mas as normas de que se constitui se apóiam no híbrido critério da utilidade. De toda forma, a definição do útil, no âmbito da *polis*, encontra a razão de seu construto na arte do discurso.

As reflexões de Górgias alcançam com mais evidência o fundamento ontológico pretendido pelos pré-socráticos. Enquanto Protágoras coloca em questão a existência de um critério para a identificação do ser e da verdade, mas os admite na condição de sua relatividade e utilidade, Górgias exclui mesmo a questão do ser e da verdade que dele se desdobra objetivamente: para ele nada existe, se algo existe é incompreensível, se compreensível, incomunicável, inexplicável. A verdade não existe, tudo é falso.

---

[26] REALE, G. Ibid, p. 201 *et. seg.*

O itinerário dos fisicistas, para o sofista, evidencia o fundamento da tese niilista de Górgias, tendo em vista que suas proposições acerca do ser são absolutamente antitéticas e se anulam umas às outras. O sofista dialoga com o princípio de Parmênides, para o qual só o ser é pensável e o não-ser, impensável. A partir de observações empíricas, chega à conclusão inversa, de que o ser não é pensado, uma vez que o pensamento, verdadeiramente, pode pensar e pensa o nada, aduz o argumento de que, se o nada é pensado, o ser não é pensado.

O terceiro princípio – de que, mesmo que exista e que seja pensável, o ser não pode ser comunicado – com efeito coloca de forma radical um problema à linguagem. Não se trata de um novo paradigma, no sentido de que para o pensamento anterior a palavra remete sempre a um ser e a uma verdade. O novo pressuposto a partir da questão da incomunicabilidade é o de que essa remissão jamais se realiza. A palavra deixa de ter predicação de essência ou uma significação de verdade. A linguagem adquire uma condição privilegiada, alcança uma qualidade diferenciada de todo suporte possível.

Para Górgias, a condição da eticidade não está, portanto, em uma norma fundada como verdade que se desdobra de uma compreensão da essência. Os marcos de uma boa ou má ordem são resultado de uma construção aberta, fundamentalmente humana e livre da prisão ontológica.

Quando temos em conta o debate posto pelos sofistas, é possível conceber, portanto, a possibilidade radical do deslocamento da norma em relação à *physis*. Quer seja tomando por referência o esgotamento da pesquisa física, quer se considere a emergência das questões da ordem da *polis*, postas no período de transição da cidade grega, os sofistas responderam à emergência e apontaram para um novo caminho de pesquisa, um novo tipo de objeto, e, frente a ele, efetivamente deixaram fundada a tese de criação humana dos fundamentos e das normas que conformam a ética.

O desdobramento dessa possibilidade não foi, entretanto, a direção consagrada no pensamento grego, nem a herança que transmitiu ao pensamento ocidental. A orientação hegemônica seguiu as idéias de Sócrates que, como os sofistas, renunciou ao fisicismo, mas, ao contrário deles, estabeleceu uma sutil reconciliação da norma com a natureza, assentando de uma vez uma ontologia que fundaria um vínculo perene à norma, afetando, como espécie, a norma jurídica.

Para Sócrates, a investigação dos filósofos da *physis* não alcança a problemática da moral. As razões da inconsistência dessa investigação são em parte as mesmas apontadas pelos sofistas, tendo em vista que, no limite, os argumentos em torno dos princípios da ciência do cosmos anulam-se uns aos outros. Sócrates, entretanto, tendo em conta que a direção dessa ciência não atinge os problemas humanos, não leva o homem ao conhecimento de si mesmo, em sentido diverso dos sofistas, amplia o objeto de pesquisa e propõe a reorientação da pesquisa da natureza física à natureza humana. Não realiza qualquer renúncia, portanto, à pesquisa da natureza, ao contrário, seu objeto é precisamente a natureza, a natureza humana.

A pesquisa desse novo objeto, mesmo que radicalmente diversa da perspectiva da ciência do cosmos, por aproximar o esforço de conhecimento das coisas humanas, mediante fatores diversos, realiza uma operação que guarda analogia àquela dos fisicistas. Primeiro pressupõe a existência de um ser e de uma essência – o que foi afastado pelos sofistas, quer numa dimensão puramente metodológica, pela inoportunidade da pesquisa, quer numa perspectiva propriamente ontológica, ante a inexistência do ser. Por outro lado, já considerando a natureza humana e sua centralidade como objeto de investigação, a operação realizada pelos pré-socráticos parece se repetir, pois permanecem implícitos e explícitos os princípios da cognoscibilidade do ser,[27] de sua natureza de princípio de toda ordem, da ordem do bom, do belo, da justiça, no que respeita à natureza das coisas humanas.

Nesse sentido, a ordem parece ser uma dimensão da própria natureza. A afirmação da norma pela consciência, pela razão humana – a dimensão de liberdade na compreensão socrática – realiza o encontro sublime com a essencialidade. O encontro com o si mesmo, com o que já-é, com a divina qualidade da natureza. Nessa acepção, a norma retorna ao princípio fisicista, enquanto desdobramento necessário da realidade do ser que também se desvela necessária mediante a virtude ou a ciência de si.

Qual a verdadeira natureza do homem? Sócrates solve essa questão mediante a concessão de um novo sentido à psiquê, com a identificação entre alma e sujeito acompanhada da instituição da importante disjunção entre a alma e o corpo. Para Sócrates, a verdadeira essência do homem é a alma. A percepção da alma como natureza humana efetiva uma novidade em relação aos mitos clássicos, a crenças importantes, como a pitagórica, e mesmo a apropriações realizadas por fisicistas, que lhe atribuíam a condição de inteligência do movimento e de princípio último.

---

[27] Nessa direção, Sócrates estabelece os princípios do conhecimento, desenvolvendo uma metodologia de investigação e a idéia de conceito como abstração.

Concebendo a alma como a verdadeira essência do homem, Sócrates a aproxima definitivamente do homem, dando-lhe um sentido, por assim dizer, concreto. Mas esse mesmo movimento é acompanhado de uma definitiva disjunção. A alma é e não é o homem. Como consciência e como razão, ela o anima. Segundo Reale, "coincide com a nossa consciência pensante e operante, com a nossa razão e com a sede da nossa atividade pensante e eticamente operante. (...) é o eu consciente, é a personalidade intelectual e moral";[28] ela é o ente responsável em última instância pelas ações, especificamente pelas boas ações. Mas não são o mesmo ente. Ainda que em um sentido supremo possam coincidir, a alma não é uma instância corpórea, é constituída de um tecido diverso do corpo.

O eu consciente que caracteriza a alma remete a um sem-número de questões, cuja reflexão exige desenvolvimento próprio. Tomemos, para nosso propósito, a remissão à alma como eu consciente em sua relação com a ciência como virtude. Para Sócrates o belo, o justo, o bom, são qualidades da verdadeira natureza do homem, ou seja, a natureza, renunciada pelos sofistas, não tem apenas sua existência posta em evidência. Para Sócrates, ela ocupa uma posição central na investigação da filosofia moral, mas a intransigente proposição metodológica corresponde ao pressuposto de que a natureza é detentora, em sua essência, da qualidade da virtude. O pensamento socrático afasta-se das hipóteses abertas pelos sofistas, tanto quanto da abertura que se desdobra da tragédia.

Ser o que *deve* ser; ser o que na realidade *é*; realizar, mediante o saber de *si mesmo*, *o que é* o objeto que se sabe. Essa busca é o destino do homem. A natureza e o saber que dela se aproxima são o fundamento de toda norma.

1.4. A consagração da percepção essencial da norma

Ao retomar a sistemática de Aristóteles, vemos como esse processo é também a consagração da substância. A metafísica aponta estes elementos formadores da tradição platônica: o pensamento de Heráclito sobre o fluir de todas as coisas e, por conseqüência, a hipótese da impossibilidade do conhecimento/definição dos sensíveis; de Sócrates, orientado à moral como depositária de conteúdo universal; e ainda dos pitagóricos. De Sócrates herdou um novo tipo de

---

[28] REALE, G. Ibid. p. 259.

objeto de investigação, orientada à moral, como um objeto depositário do universal.

De certa forma há uma proximidade entre essa recepção e a operação realizada pelos pitagóricos, conforme acima. O objeto dos pitagóricos era a natureza, mas a resposta à questão dos princípios fora realizada mediante um não-sensível, o número, que se oferece como analogia à proposição de um sistema da natureza, à semelhança de seus elementos. Diferentemente dos pitagóricos, entretanto, as entidades matemáticas não são princípios, mas elementos intermediários entre os sensíveis e os não-sensíveis.

O valor do objeto de que se ocupara Sócrates, e ainda da idéia da impossibilidade do conhecimento de alguns sensíveis, o levou

> a supor que [o universal] existisse noutras realidades e não em alguns sensíveis. Não seria, pois, possível, julgava, uma definição comum dos sensíveis, que sempre mudam. A tais realidades deu então o nome de "idéias", existindo os sensíveis fora delas, e todos dominados segundo elas.[29]

O domínio das idéias sobre os sensíveis implica o conceito de *participação*, pelo qual entende-se que as coisas recebem a forma da idéia. É pela participação que se manifesta a pluralidade de sinônimos, ou, de outra maneira, uma idéia pode realizar uma série de ocorrências. Para Aristóteles, essa idéia guarda profunda proximidade com a proposição pitagórica, para os quais de certa forma os números são as próprias coisas, que existem à sua imagem.

Platão reconhece, pois, os sensíveis e as idéias, observando o domínio destas sobre aqueles pela via da participação. Para Aristóteles, as idéias constituem, mediante essa operação, causas dos sensíveis e de acordo com o conceito de participação, informam sua natureza, sendo o mesmo afirmar, como o faz, que para Platão os seres – sensíveis – se compõem dos mesmos elementos das idéias.[30]

Os sensíveis são perecíveis, móveis, pares, enquanto as idéias, que os precedem, eternas, imóveis, ímpares. Pares e ímpares, pois, segundo o modelo dos pitagóricos. Platão recorre a esse modelo, mas para ele as idéias não são números. Aristóteles explica que, no modelo platônico, as entidades matemáticas são intermediárias, distintas dos sensíveis e das idéias; à diferença dos sensíveis, elas são eternas e imóveis, e das idéias, porque múltiplas e semelhantes.

---

[29] Aristóteles. *Metafísica*. São Paulo: Abril Cultural, v. 1, 1982, p. 24. (Os pensadores).

[30] De acordo com Aristóteles, ibid., p. 24: "sendo as idéias as causas dos outros seres, julgou por isso que os seus elementos fossem os elementos de todos os seres; e, como matéria, são princípios o grande e o pequeno, como forma é o uno, visto ser a partir deles, e pela sua participação no uno que as idéias são números".

Por outro lado, a participação das idéias nos seres, no sistema platônico, desvela outra relação entre o uno e o múltiplo, tendo em vista que é enquanto forma que a idéia empresta substância aos múltiplos, estabelecendo aí a relação uno/múltiplo. Por outras palavras, o sistema platônico realiza uma outra operação singular, apartando o uno, presente na natureza do par e do ímpar, que pertence à realidade das idéias, e os números do mundo sensível.

Deve-se observar ainda que para o sistema dos pitagóricos os elementos últimos dos números são o ilimitado/indeterminado e o limitado/determinado. Os números consubstanciam já um limite, isto é, uma "'amarração' do ilimitado ou indeterminado no contexto do limite e da determinação"[31] e, neste sentido, elemento limitante que se alimenta do indeterminado, que é, assim, princípio.

No sistema de Platão, como acima visto, o princípio formal, a idéia, é uno, e mediante a participação torna-se múltipla nos seres que consubstancia. Desta feita, é necessário considerar uma forma diversa na qual o número é causa dos seres, não se cogitando falar, por essa via, do ilimitado ou do indeterminado enquanto origem dos seres. Enquanto princípio material, todavia, Aristóteles ensina que Platão estabelece a oposição "grande x pequeno", a díada a que se refere a constituir o infinito com o grande e o pequeno. Nesse sentido, a compreensão de Platão a respeito das causas e princípios: o pequeno e o grande como causa material e o uno como causa formal. Com efeito, "como matéria são princípios o grande e o pequeno, como forma é o uno, visto ser a partir deles e por sua participação no uno que as idéias são números".[32] Conclui, pois, que "É evidente que ele (Platão) só se serviu de duas causas, da do 'que é' e da que é segundo a matéria, sendo as idéias a causa do que é para os sensíveis, e o uno para as idéias".[33]

Para nosso argumento, observamos que a consagração da idéia, de acordo com Platão, reorganiza e reordena a idéia de natureza e reincorpora a esta, definitivamente, a norma. Os dois planos que a teoria das idéias de Platão institui, supra-sensível (inteligível) e sensível (físico), na realidade não são tão duais assim – ainda que, devemos admitir, seja assim que os vivenciamos. A alma é primeira na criação, antecede ao corpo que a envolve, está no centro, como o explica Timeu:

---

[31] REALE, Giovanni. *Historia da Filosofia Antiga*. Vol. I., p. 82.

[32] Aristóteles, ibid. p. 24

[33] Ibid., p. 25.

Concluída a composição da alma, de acordo com a mente de seu autor, organizou dentro dela o universo corpóreo, e uniu ambos pelos respectivos centros. Então, a alma entretecida em todo o céu, do centro à extremidade, e envolvendo-o em círculo por fora, sempre a girar em torno de si mesma, inaugurou o divino começo de uma vida perpétua e inteligente. Assim formou-se, de uma parte, o corpo visível do céu, e de outra, a alma invisível, porém participante da razão e da harmonia, a melhor das coisas criadas pela natureza mais inteligente eterna.[34]

Outra vez estamos diante de um universo inteiro e nenhuma trilha nos conduz com segurança a qualquer lugar.

Platão tem o sensível como realidade. Mas, igualmente, observa a inviabilidade e a contradição das respostas que se fundam na natureza, o que era atestado pelos sofistas, que construíam do fato um argumento poderoso para deslocar a centralidade da natureza como fundamento da política e mesmo propor uma ontologia negativa. A forma/idéia dos sensíveis é uma pista que não leva necessariamente a um universo distante, mas aproxima o olhar da natureza, levando o investigador a observar, além do objeto mesmo, a sua imagem, uma abstração que transfigura todas as coisas e lhes confere a realidade do conceito.

Por esse movimento, o ser se percebe ao mesmo tempo no sensível, como forma/idéia, e disjunto dele, igualmente forma/idéia. Ele está lá, participa da materialidade e está no conceito, como abstração. Na forma pura de idéia, o ser não é coisa; é pura abstração. Nessa realidade, ele é livre, não está preso a nenhum lugar. E pode se realizar em todo espaço, em todo tempo. Numa palavra, o ser encerra uma dimensão universal.

Trata-se de outra qualidade,[35] diferente do sensível. A sua verificabilidade no ser material não a contamina. Daí a relação uno/múltiplo. A unidade da idéia e a pluralidade da repetição. O que reside no Uno é incorruptível, não perecível. O que se realiza na esfera do acontecimento, é contingência. Com essa qualidade, compreende o mutável, o que reside na esfera das coisas sensíveis e se expressa como eterno movimento, como vir-a-ser, e o ser em sua essência, que é eterno.

Essas categorias fazem-nos pensar que a estrutura do ser é disjuntiva, que há uma separação entre a realidade sensível e a supra-sensível; mas admitem também o contrário, pois a alma, literalmente, anima o ser. Por uma ou outra hipótese, sobressai-se a transcendência, mediante a afirmação de uma ontologia que supõe

---

[34] Platão. *Timeu.* Traduzido por Carlos Alberto Nunes. Pará: UFPA, 2001. IX e 37a.

[35] Suas características essenciais são a inteligibilidade, incorporeidade, o ser no sentido pleno, a imutabilidade, perseidade, unidade. Ver REALE, Obra citada, p. 64 e seguintes.

um ser que preside, em sentido forte, que limita a ação dos homens, da constituição de suas cidades, a uma idealidade, no sentido preciso, a uma essencialidade, que pressupõe que sua realidade última é o destino.

Assim reorganizada, a relação entre natureza e norma, e, mesmo admitindo, por óbvio, a hipótese da norma como ente humano, estabelece um fundamento definitivo, insofismável, da norma sobre a natureza, que consubstancia a ontologia da norma e amarra todo o pensamento subseqüente.

Para Aristóteles, Platão não solve em sua integridade o problema central da filosofia. A resposta é parcial, uma vez que "É evidente que ele (Platão) só se serviu de duas causas, da do 'que é' e da que é segundo a matéria, sendo as idéias a causa do que é para os sensíveis, e o uno para as idéias".[36] Como acima afirmamos, Aristóteles tem como referência a teoria das causas. A partir dos pressupostos dessa teoria, a resposta de Platão não alcançara os sentidos da causa eficiente e da causa final.

Ao iniciarmos a presente seção, sob o título da síntese aristotélica, aduzimos que os fisicalistas estavam próximos do mito, em sentido temporal e conceitual e que isso provavelmente lhes conferia a qualidade de zelo por seus fundamentos. Dessa proximidade, destacamos que a mitologia colocara-lhes ante o caos como princípio. Um princípio – o caos –, indeterminado, ilimitado, ao lado do qual a teogonia aponta – ela mesmo o é –, à determinação por geração do mundo, do cosmo.

Castoriadis observa que:

caos, em sentido grego, no sentido próprio primordial, significa vazio, nada. É do vazio mais total que o mundo emerge. Mas, já em Hesíodo também o universo é caos, no sentido de que não é perfeitamente ordenado, de que não se submete a leis plenas de sentido. No princípio, reinava a desordem mais total, depois foi criada a ordem. Contudo, nas "raízes" do universo. Para além da paisagem familiar, o caos continua a reinar soberano.[37]

A ordem é a esfera do determinado, do limitado. O caos está lá, não se suprimira no ato de sua generosa criação. O que esse processo de reflexão colocara em questão, tomando o problema da forma posta por Aristóteles, como o princípio e as causas, foi a questão do ser. E tendo em vista a natureza do problema, as indefinidas fronteiras

---

[36] Aristóteles. Ibid. p. 25.

[37] CASTORIADIS, C. *A polis e a criação grega*. In: *As encruzilhadas do labirinto 2*: Os domínios do homem, Rio de Janeiro: Paz e Terra, 1987, p. 292.

onde se interpenetram o indeterminado e o determinado, o caos e a ordem.

Castoriadis observa que a filosofia só foi possível porque o cosmos não é bem ordenado. Esse é o pressuposto do autor para pensar o primeiro estrato natural, ou seja, que a natureza não é *bem ordenada*, significando que a natureza é ordenada e susceptível de organização, de classificação, tanto quanto ela própria o faz a si mesma. No campo da presente reflexão sobre a ontologia, significa que o ser comporta "crivagens". Mas a direção que se afirma na ontologia, como vimos, tende a neutralizar essa abertura fundamental do ser. A tradição socrática comporta aberturas importantes para pensar a ontologia. Observamos desde logo que a idéia/forma de Platão refere um ser como desdobramento de sentidos, como possibilidade de significação. Mas, sob esses mesmos enfoques, desde Sócrates se estabelece uma tradição que sobredimensiona o que está mais visível: a instituição de um ser que tem um sentido determinado, um sentido e um valor. Com Platão, a idéia de ser conquista definitivamente a abstração, o ser se transfigura em forma/idéia e alcança, por essa mágica, o universal; em Aristóteles, a idéia de ser como substância.

1.5. A leitura romana da relação natureza/norma

Até o momento, usamos o termo norma em um sentido amplo. Com os fisicalistas, a norma que deriva da physis; nos sofistas, a possibilidade da autonomia da norma em relação à natureza, como criação humana; na tradição socrática, a hipótese da reaproximação de norma e natureza. Entretanto, sempre em uma ampla acepção, tomando norma em uma significação indiferenciada de ética e moral, sem uma expressão propriamente jurídica. A Filosofia da História de Hegel nos oferece uma chave à inteligência dessa diferenciação. Trata-se da disjunção do conjunto dessas significações, que se distinguem umas das outras no mesmo compasso da separação da subjetividade em relação à natureza. Hegel propõe uma história da distinção da norma jurídica em relação à moral e à ética.

Esse movimento é proposto nos marcos da metafísica. O autor em comento concebe o ser como espírito absoluto que se emancipa como consciência de si, num movimento que realiza a essência.[38]

---

[38] Sob a denominação de concepção "panlogista", que tem em Hegel seu principal representante, Castoriadis observa a unidade que a mesma realiza entre forma (idéia) e matéria, sob a lógica da dialética; nessa compreensão, "categorias e conteúdo implicam-se mutuamente e há uma 'dialética histórica' do

Hegel não nos apresenta, portanto, um fundamento para fugir à compreensão essencialista que alcança e aprisiona a norma à natureza, limitando-a decisivamente como criação humana. Embora nos marcos da metafísica, suas idéias sobre a formação do espírito permitem-nos pensar a norma de forma diversa de um mero desdobramento da natureza, pois, como emancipação do espírito, a norma é e não é natureza.

É natureza porque o espírito o é. Não é natureza porque sua diferenciação requer elevação, distanciamento. Por fim, nos permite uma ciência da norma, diferenciando o direito das esferas da moral e da ética e ainda, propõe que a via da norma jurídica representa o momento supremo desse processo de emancipação do espírito, consagrado na forma do Estado e evidencia a formação do indivíduo, consubstanciado na plenitude do direito, com a norma da propriedade, consolidando um sistema que dá forma ao exercício da racionalidade.

Com os pressupostos da metafísica, a investigação histórica de Hegel associa a diferenciação das formas históricas à formação de uma subjetividade inteiramente afastada da natureza. A formação do espírito grego, de acordo com Hegel, alcança o sujeito em seu vínculo indissolúvel com a natureza. Para o autor, portanto, não existe um sujeito natural preexistente ao Estado, mas um sujeito que se constitui em uma relação de estranhamento à natureza, como manifestação objetiva – e como evolução, subjetiva! –, de uma internalidade que se expõe como consciência.

Para o filósofo alemão, seguindo a imagem de Aristóteles, as formas políticas resultam de um estranhamento do espírito em relação à natureza, demandando a separação da norma em relação à natureza. Para o autor, essa evolução implica a diferenciação do indivíduo como sujeito, capaz de vontade distinta da comunidade, a passagem de uma moralidade objetiva a uma moralidade subjetiva. Esse movimento do espírito até o Estado como a representação maior de sua autoconsciência tem no direito um momento singular e definitivo e, na história do direito romano, a consagração de seus

---

conhecimento". No citado artigo, Castoriadis destaca a visão "panlogista", ao lado do criticismo, as idéias/formas modernas de pensar (ou não pensar) a história e o saber, em vista de que apartam o sujeito da natureza, mediante a "separação absoluta entre material e categorias". A visão 'panlogista', na busca de outra direção, mediante a aporia, pois, "visto que para ela a verdade não pode estar absolutamente senão no elemento do saber absoluto, mas, não podendo produzi-lo, ela é obrigada a fazer dele, de novo, diga-o ou não, uma "idéia kantiana", a distância infinita de todo saber efetivo". Trataremos desse tema no capítulo 3. Ver CASTRORIADIS, C. *Ciência moderna e interrogação filosófica*. In: *As encruzilhadas do labirinto, 1*. Rio de Janeiro: Paz e Terra, 1987, p. 181/182.

pressupostos, de um indivíduo consubstanciado na idéia de propriedade.

O argumento aqui sugere a idéia de natureza viva. A natureza é integrante, constitutiva do espírito, é o elemento natural que estimula, adensa o espírito. Mas não se dá para o homem como natureza mesma. Na relação de apreensão, só o que o espírito "pode tirar de espiritual desse natural pode ter validade para ele".[39] Trata-se de espanto/estranhamento à própria natureza constitutiva, uma forma especial da natureza mesma, como negação de si e do próprio espírito, negando-se a si mesmos na perspectiva auto-explicativa desse fenômeno, numa síntese entre a natureza e o sujeito autonegados por esse mecanismo.

Hegel ensina que a natureza é o amplo campo da indeterminação e, indeterminada, não é passível de justificação. Nesse sentido, a própria explicação racional há de ser compreendida como uma forma de relação do espírito com a sua natureza. A distinção do espírito caracteriza o momento indeterminado/determinado, quando o indeterminado se deixa perceber, e assume a condição (determinada) que lhe é percebida. Nesse sentido, o que é percebido, outra vez, é e não é natureza. É natureza no sentido de que é o indeterminado/determinado, o que se abre à percepção do espírito que o toma para si. Mas é outro por essa percepção mesma que reconstrói o objeto distinguido como outro, como significação, afinal só o que o homem pode tirar do natural tem validade para ele.[40] Vê-se, então, uma relação dialética, exterior (natureza) interior (natureza espiritual, reação mediante a criação de sentido).

O natural não é apenas a natureza, mas o conjunto das condições exteriores que se dão ao espírito. No processo de formação do espírito grego, natureza, nessa significação, é o sem número de elementos que estavam dados. São ingredientes a partir dos quais os gregos prepararam o espiritual. A recepção das condições externas – natureza –, entre os gregos revelou a extraordinária capacidade do espírito, na religião, na mitologia, na poesia, na tragédia, na filosofia. A recepção grega operou um corte entre o mistério e o conhecimento

---

[39] HEGEL, G. W. F. *A filosofia da história.* 2. ed. Brasília: Ed. UNB, p. 198.

[40] Como orienta Hegel, o que o homem assim realiza, o faz mediante a criação de significado: "significado não é a sensatez objetiva da fonte, mas a subjetiva do próprio sujeito que transforma a náiade em musa. As náiades ou fontes constituem o princípio exterior das musas. A interpretação e a explicação da natureza e das mudanças naturais, a demonstração do sentido e sua significação, estas são as ações do espírito subjetivo (...) podemos compreender isso com a forma de relacionamento do homem com a natureza. (...). Ás perguntas dos gregos a natureza respondeu: a verdade é que o homem respondeu em seu espírito às perguntas da natureza. A intuição torna-se assim puramente poética, pois o espírito cria o significado exprimido pelo natural". HEGEL, ibid., p. 198/199

e deu ênfase à vivacidade do espírito. Ao processar os elementos da natureza, presenteou-nos tanto uma potencialidade da ciência, como explicação mesmo, ou como criação de sentido, de significado; insinuou externamente sua internalidade, revelou-nos o extraordinário vigor de um espírito livre. Livre em relação à natureza, mas por ela diretamente estimulado e por isso de certa forma a ela vinculado.

Essa relação internalidade exterioridade é também a matriz à compreensão da idéia de liberdade em Hegel. Mais uma vez afastando-nos da transcendência metafísica do espírito inexorável para cuja realização caminha a história. Tratando do movimento mesmo da constituição do espírito, apreendendo-o em seu vínculo com a natureza. A liberdade não é absoluta subjetividade; a liberdade é a afirmação do sujeito enquanto potência, sobre a natureza. A recepção que os gregos fazem de seus elementos externos é uma evidência dessa percepção do espírito que, atravessado pela natureza, recebe-a como estímulo, dela se desloca e sobre ela age, num enigmático movimento onde se afirma como núcleo vital.

O espírito, na relação, não é imediatamente emancipado da natureza. Ele está, em um primeiro estágio, inteiramente envolvido por ela, e a sua liberdade não é, nem pode ser, nesse instante, total. No processo de sua evolução, o espírito é tão mais elevado quanto mais intensa e diferenciada a dimensão da subjetividade, a independência do indivíduo, a formação do sujeito; em uma palavra, o processo de evolução do espírito é também o da formação do sujeito, de sua internalidade livre e do indivíduo igualmente livre das amarras da natureza.

O espírito se mostra em potência mesmo em seus momentos mais primários. É o exemplo da relação dos gregos com a religião e com a mitologia. Em ambas as formas, a natureza está fortemente presente e, todavia, transformada pelo espírito. Mas as representações ainda não têm a conotação de um espírito livre. A religião encerra uma particularidade, humana e natural, circunstância que não constitui nenhuma irrealidade absoluta, pois se trata da manifestação do espírito limitado, que se dá, todavia, como modelo ao sujeito, um modelo da natureza.

Essa relação tem na mitologia um momento constitutivo do equilíbrio estabelecido, no sentido da transformação da natureza pelo espírito. Segundo a leitura de Hegel, já a teogonia apresenta um exemplo espetacular desse domínio do espiritual, onde a natureza é dominada, mas permanece presente, com função estruturante. A natureza é mantida à margem do mundo, uma presença à margem.

São inúmeros os exemplos dessa presença à margem.[41] Hegel destaca que os deuses conservam seus elementos naturais, o que indica uma dimensão da natureza que nos alcança. Uma implicação ambígua, interpretamos, que os subtrai em sua natureza sagrada, humanizando-os, e ao mesmo tempo nos eleva, divinizando-nos, mas onde nenhum desses dois deslocamentos pode ser definitivo, sob pena da própria natureza (também ambígua).

O Estado é a síntese maior dessa evolução do espírito[42] que superou as condições naturais de limite à sua plenitude.[43] Privados de laços naturais, os gregos buscaram sua associação por outros meios. Esse momento constitutivo, que se apóia na lei e nos costumes, denota uma reação do espírito à natureza.

Na fase primária, ainda não há um fundamento legal do poder. O domínio apoiava-se em elementos primários de superioridade. Mas não havia ligação moral entre o povo e as dinastias; os elementos nos quais se apoiava o poder eram fluidos. A subordinação, em contrapartida, se efetivava por uma espécie de necessidade geral, comum, não decorria da superioridade de castas ou de uma relação patriarcal. Com esse fundamento difuso, a autoridade dava-se em um processo contínuo, cuja permanência exigia renovação constante de si mesma, sob pena da perda de sua escassa legitimidade. Rigorosamente não há um elo sólido a unir o povo e os seus dirigentes: essa separação permite mesmo a emergência e supremacia dos heróis/dinastias, tanto quanto a sua decadência/devir.

A legitimidade requer um elemento mais complexo, uma imagem da nação que tem, nesse ambiente primário, uma referência

---

[41] A exploração desses exemplos demanda desenvolvimento próprio. Dentre esses exemplos que se impõem como significação à construção do espírito, relata-nos a domesticação do poder selvagem e a emergência da liderança. A mitologia grega revela a proximidade do espírito com a natureza a partir da construção mesma de suas divindades e de suas características, como individualidades e não como abstrações. A afirmação de que na religião, como na mitologia, os gregos mostram um espírito ainda vinculado à natureza não possui em Hegel o sentido universal, de que a religião seria sempre um exemplo de tal vínculo. Para Hegel também as formas da religião são reveladoras do desenvolvimento do espírito. Nesse sentido ver HEGEL, ibid., p. 209.

[42] O Estado é o resultado mais evoluído do espírito, "o mais vivo espírito universal – e, ao mesmo tempo, o espírito autoconsciente de indivíduos isolados". De acordo com o pressuposto da evolução da historia universal como evolução do espírito absoluto, o acontecimento do Estado grego, elevado em relação às formas do despotismo oriental, é apropriado à evolução do espírito. Na realidade, Hegel observa da historia oriental e grega uma profunda adequação às formas espirituais ali predominantes: a democracia é uma forma apropriada a um espírito que se apresenta com força própria em relação à natureza.

[43] Limites naturais à unidade nacional. Dentre os elementos naturais da formação espiritual estão: a condição geográfica, que impunha a separação; a mistura de tribos; o mar, que oportuniza o comércio, ainda que no momento originário sua vida era marcada pela pirataria e não pelo comércio; os estrangeiros, a quem são atribuídas a formação de diversos estados e uma elevada herança cultural, com técnicas desenvolvidas, que permitiram a construção de fortalezas e muralhas, núcleos das novas cidades, que oportunizaram o desenvolvimento de novas comunidades.

nebulosa, mas ao mesmo tempo decisiva, de sua constituição. Na realidade, todo desenvolvimento parece tecido de significações, construído mais sobre imagens que episódios, indicando a força da ação do espírito no processo de sua formação.[44]

Esse imaginário manteve-se sólido e realizou um amálgama durante o largo período de tempo de mudanças estruturais na sociedade, que incluiu a formação de uma consciência da positividade normativa, alcançada por meio de importantes rupturas sociais, realizadas em muito pela própria formação normativa. A democracia grega foi o episódio sublime do desenvolvimento da autoconsciência grega. Entretanto, não logrou alcançar o grau de abstração necessária à sua continuidade. A justificação dessa inconsistência requer, outra vez, o pressuposto da relação do espírito com a sua exterioridade, no caso grego substancialmente próximo, revelador de um vínculo que limita sobremaneira a subjetividade.

A democracia manteve-se associada a uma moralidade de tipo objetiva, não uma moralidade própria, subjetiva. Na moralidade de tipo objetiva, ensina Hegel, o amálgama que mantém os indivíduos articulados ao Estado ainda é o costume. Na moralidade objetiva,[45] o fundamento subjetivo da ação ainda está preso a seu objeto, a intenção do sujeito se confunde com a sua dimensão natural. Pela mesma razão que o espírito não está ainda absolutamente livre, desprovida da abstração absoluta, a moralidade concretiza-se diretamente por seu conteúdo, enquanto natureza em si. O interesse dá-se como comunidade, que consubstancia o essencial para esse ainda quase indivíduo.

Esse vínculo excessivo ao objeto é identificado por Hegel na democracia grega. A história de Atenas apresenta de forma paradigmática o processo de formação de uma legislação independente dos governantes, a constituição da democracia. A constituição democrática proporciona maior espaço ao indivíduo, não apenas por aceitá-lo, mas por desafiá-lo ao seu desenvolvimento e superação. O

---

[44] Essa idéia ganha contornos também quando nosso autor nos exemplifica que a magna importância do episódio da guerra de Tróia, um decisivo momento da formação da unidade e consciência gregas, revê como elemento definitivo a sua apropriação pelo espírito poético, que ofereceu uma imagem como ideal da unidade da nação. A criação do espírito em torno do fato histórico impondo-se como imagem modelo à nação.

[45] É o que o autor denomina de moralidade objetiva, onde "o interesse da comunidade pode ermanecer na vontade e na decisão dos cidadãos – e essa deve permanecer a base da constituição grega –, pois ainda não existe um princípio que se anteponha à moralidade objetiva que almeja e que poderia prejudicala na sua concretização. A constituição democrática é aqui a única possível. Os cidadãos ainda não estão conscientes dos interesses particulares" (...) "Essa é a verdadeira posição da constituição democrática, sua legalidade e sua absoluta necessidade baseiam-se nessa moralidade ainda imanente e objetiva". Ver HEGEL, ibid., p. 211.

processo de formação da democracia consagra uma abstração importante. Tem a lei como princípio, que representa fundamentalmente uma decisiva significação.[46] Mas a norma jurídica não alcançou sob a democracia grega a abstração necessária a seu conteúdo universal, nem sua diferenciação da moralidade.

A razão desse limite foi o estreito vínculo, sob essa forma histórica, da norma com os indivíduos, que a mantiveram sob amarras às suas paixões e juízos de utilidade. O Estado abstrato, do qual foi forma a democracia, não logrou libertar-se desse decisivo embaraço. A moralidade é um diferencial entre a democracia para os gregos e para os modernos. Na democracia grega, de acordo com Hegel, a idéia de uma moralidade objetiva implica que os indivíduos só possuem direito absoluto enquanto a sua vontade ainda é a vontade objetiva. Não há consciência dos interesses particulares; o cidadão não deseja isso ou aquilo. Um tal desejo seria subjetivo, o mesmo que vontade do sujeito autônomo, o que ainda não ocorre.

Nesse diapasão, a interseção com a dimensão ética. O conceito de bem, no sentido subjetivo, identificando-o à idéia de "boa" vontade, mas boa vontade não há porque implicaria a convicção particular, e a era histórica sob interpretação caracteriza-se justamente por uma identidade absoluta entre o bem da comunidade e o bem do indivíduo sob essa comunidade, uma identidade absoluta e necessária, não contingente, pois.[47]

A formação da subjetividade tem na Grécia um importante ponto de inflexão. Um momento histórico que se abre como maturação ao espírito no tempo, em direção ao absoluto.A força da subjetividade grega foi um dos seus aspectos mais destacados. Mas foi a reflexão subjetiva o marco de uma espécie de questionamento objetivo da moralidade objetiva. Trata-se de um aparente paradoxo, pois se esse questionamento representa evolução no sentido da constituição do verdadeiro sujeito, com suas convicções e interesses, denota o conteúdo precário, delicado, do fundamento secular, pautado nos costumes e na inconsistência de suas normas, reclamando renovação, não necessariamente renovação de seus conteúdos, mas, sobretudo, de seus fundamentos, novos pactos, ou a confirmação racional, a deliberação ética.

---

[46] Nesse sentido Hegel nos relata a formação da constituição de Atenas, entretanto, mais que as leis de reforma da sociedade, a significação instituída em torno delas, que lhes garante a qualidade e independência. A autonomia da lei em relação à força própria do domínio político. A esse respeito relata a significação do governo de Pisítrato manteve-se obediente às normas, conferindo maior abstração ao poder

[47] De maneira diversa, é "justamente a liberdade objetiva, que determina o princípio e a forma característica da liberdade em nosso mundo – que é o fundamento absoluto de nosso Estado e de nossa vida religiosa –, (e o que) significou na Grécia a ruína". Ibid, p. 211.

O argumento identifica nessa reflexão subjetiva a formação de uma liberdade que de certa maneira conflitará potencialmente com o Estado e registrará um novo momento da liberdade do espírito:

> Logo que surge a reflexão, cada um tem a sua opinião: a convicção em si inicia, assim, uma liberdade subjetiva e independente, na qual o individuo está em condições de, mesmo contra a constituição em vigor, ponderar tudo em sua consciência.[48]

A decadência do espírito grego revela-se por dois movimentos. Primeiro, a moralidade objetiva impediu-o de se abrir rumo à formação de um Estado comunitário, uma Pátria, para além das fronteiras da *polis*, e o impeliu ao conflito entre os Estados gregos. (A moralidade objetiva é também comunitária, mas no espaço da *polis*, cerrada nesse limite, não estabelece os fundamentos de uma norma universal.) Segundo, em razão da moralidade objetiva, a constituição democrática não suporta o surgimento pleno da liberdade da abstração do pensamento e da formação da moralidade subjetiva que emerge como ameaça e corrupção.

A moralidade subjetiva pressupõe um movimento no sentido do eu, o que encontra eco na virada representada pelos sofistas[49] que se esforçaram em afastar a legitimidade objetiva derivada da natureza. Os sofistas reclamaram um fundamento propriamente humano, e nesse sentido subjetivo, de toda a normatividade. Hegel observa, entretanto, que recolocando o homem como centro das possibilidades públicas, os sofistas deixaram os homens e suas constituições à própria sorte, nisso consistindo um fato positivo, ao tempo que definitivamente aberto; aberto a construções positivas e negativas. A idéia de que o homem é a medida de todas as coisas é o exemplo dessa abertura, pois, como medida, o homem pode representar o fundamento comum ao bom e ao mau governo.

Dessa maneira, os sofistas representam um fundamento para a emergência da subjetividade, abrindo o caminho à investigação do eu, mas a formação definitiva da moralidade absoluta só se efetiva com Sócrates, considerando a hipótese do alcance do universal.

1.6. A formação romana da norma

Sob a democracia grega, como relatado acima, a democracia permitiu o livre desenvolvimento do indivíduo, mas não conseguiu

---

[48] HEGEL, ibid., p. 212.

[49] Essa virada antropológica realizada pelos sofistas foi referida acima.

que suas normas estivessem desvinculadas das paixões, da utilidade. Os sofistas, conforme Hegel, nos deixaram o legado da centralidade do homem, mas o fundamento dessa descoberta do sujeito, fundado no relativismo, não superou o individualismo.

Com Sócrates, os gregos apontaram um outro caminho a essa descoberta, considerando a possibilidade do conhecimento dos universais. Mas essa idéia não encontrou uma forma política estável e universal necessária a seu desenvolvimento.

Conforme Hegel, o itinerário romano esteve distante da riqueza cultural que levou a essa maturidade do espírito. Mas a história de Roma realizaria esse desígnio, conciliando a subjetividade pura com o Estado abstrato,[50] desembaraçado de toda objetividade. No processo de constituição de Roma, Hegel relata como elementos fáticos de substancial diferença em relação aos gregos. A narração de Hegel sobre a criação jurídica romana é de uma beleza quase poética. Uma divina reflexão filosófica, sobretudo. As características mais rústicas e animalescas da formação romana sobressaem-se como singulares, não sob o ângulo valorativo, mas como elemento constitutivo, quase necessário à consecução da abstração.[51] Dessas características, destacamos a quase inexistência, entre os romanos, de uma moralidade objetiva, circunstância que lhes favoreceu não apenas superar a individualidade, como sobretudo a criação da jurisprudência.

O conteúdo positivo desse elemento sobressai-se tendo em vista o obstáculo que a moralidade objetiva representa à subjetividade pura. O aspecto violento, selvagem, com a ausência de uma moralidade natural, mesmo no âmbito familiar, onde os vínculos afetivos estão associados à idéia de posse, desenha um indivíduo egoísta, mas livre das condições naturais e faz dessa mesma posse o elo enigmático, o paradigma ao reconhecimento de sua existência. Elo porque, percebe Hegel, nesse formato de indivíduo, na sua força e domínio na vida privada, reside a possibilidade da plena subjetividade e o fundamento da constituição de um Estado verdadeiramente livre, abstrato e universal.

---

[50] Em nossa sistemática, com a consciência de que a formação do Estado e a do sujeito são inseparáveis, se entrecruzam, queremos compreender esses elementos de per si, razão pela qual os trataremos separadamente.

[51] Trata-se de uma instigante e convidativa narrativa. Tendo em vista o conteúdo que comporta, ficamos no meio do caminho, entre seguir a viagem que se abre, ou, obtuso, tentar o retorno à prisão de nosso itinerário vestido de metodologia. Na realidade não há evasão possível. Ficamos na nota dissonante e, envergonhados, registramos a existência de um caminho aberto à reflexão sobre a distinção da moralidade grega e da amoralidade romana, sobre o impacto de tal distinção na criação da norma jurídica e, sobretudo, a possibilidade latente, de que a norma jurídica requer mesmo o afastamento definitivo de qualquer moralidade. É definitivo, também, o relato da recepção romana de alguns elementos culturais gregos, como os jogos, nos quais sobressaiu-se, entre os romanos, o espetáculo da finitude.

Desde o princípio livre dos marcantes traços da moralidade objetiva, o indivíduo romano não constitui fortes mediações entre ele e o Estado abstrato. Mesmo a tradição não se coloca como esse elemento, pois, como nos relata Hegel, a própria religião se estrutura depois do fato da sociedade, encobrindo sob o manto do sagrado os elementos de sua união.

Trata-se de um outro indivíduo, mais forte em suas relações privadas, porém que se inclina ao átomo em suas relações políticas. Um indivíduo frágil frente ao Estado, que constitui por essa qualidade de relação, desde o início, a garantia da superioridade do Estado sobre a individualidade. Forma-se por essa via as duas condições à universalidade do Estado, a sua supremacia em relação ao indivíduo e a constituição de um tipo diverso de liberdade, tendo em vista aquela formação histórica, tendente à subjetividade.

Essa mesma relação com o Estado configura o conteúdo externo da subjetividade. Nesse âmbito, o indivíduo realiza a abstração de si mesmo. Não é mais indivíduo, é sujeito de personalidade. O indivíduo é juridicizado, portanto, perdendo a sua qualidade natural e conquistando sua liberdade subjetiva. A personalidade é a face externa do sujeito, a materialidade concreta dessa abstração.

O direito é a forma pública do indivíduo, a evidência material de sua submissão ao Estado, pois só mediante essa outra abstração pode realizar sua materialidade. Na seqüência dessas externalidades, o direito tem por princípio a garantia dos fundamentos da subjetividade, ou seja, garantir as condições materiais de sua existência individual, a posse, a propriedade, os bens materiais que conformam a imagem de cidadania plena.

O princípio jurídico é, assim, exterior, desprovido de alma. Por sua exterioridade, libera o espírito. É uma externalidade. Hegel nos dá, assim, uma divina oportunidade, novamente, de tomar a norma jurídica plenamente como criação livre. Esse movimento de criação, de acordo com o filósofo alemão, foi um sacrifício romano que aproveitamos. Por essa criação, apartando o direito da alma, liberaram o espírito de todo formalismo, permitiram sua emancipação.

A universalidade política é a síntese de um processo[52] que, ao final, subjuga o indivíduo. Roma está continuadamente em conflito, que alcança mesmo os princípios da unidade da sociedade. A primeira oposição, entre patrícios e plebeus, foi superada mediante a elevação da plebe à cidadania plena. A segunda, com a expansão de

---

[52] Outro tema que se abre. No item seguinte, quando voltaremos à Roma, teremos como norte uma classificação propriamente jurídica, fundada na chamada historia externa do direito romano. Aqui se trata de uma reflexão propriamente histórica, que considera elementos não jurídicos.

Roma, entre o individualismo e patriotismo, oposição resolvida com a decadência interior e a emergência do poder central. O terceiro pelo despotismo, com a decadência.

1.7. Conclusões provisórias

Em nosso itinerário, observamos um importante momento da tradição, de uma idéia naturalista da norma, como uma compreensão derivativa, imanente da natureza. Vimos com brevidade a emergência de um convencionalismo que aponta um caminho diverso, desvinculando a norma da natureza. No conflito com essa idéia, observamos um momento onde a tradição se abre, com a identificação dos não sensíveis e o conseqüente alargamento da idéia de natureza. Com essa revelação, o pensamento ampliaria os sítios da verdade e permitiria em seu horizonte a ciência. As investigações que daí se desdobraram, com a teoria das formas, permite compreender a norma como determinação de uma transcendência. O caminho diverso, que recoloca esse movimento no mundo, desvela, sobre novo signo, a imanência.

As linhas de nosso primeiro capítulo nos conduziram pelos caminhos da versão clássica do direito natural. Com os antigos, vislumbramos o movimento da norma, de um desdobramento inevitável da natureza até a hipótese de um relativismo absoluto, com a virada sofística – com o homem medida de todas as coisas – e a invenção socrática, que recoloca o homem no quadro da natureza e indica a necessidade de conhecimento da natureza humana. Nesse amplo quadro, não discutimos a norma jurídica. Discutimos norma no sentido lato. Nossa opção, não obstante o fato histórico da crescente diferenciação da norma jurídica alcançada pelos gregos, tem em vista nosso objeto de identificar a constituição da compreensão ontológica da norma. Assim pretendemos alcançar a norma em sua relação própria com o pensamento sobre a natureza.

Seguindo essa meta, procurando abrigo na filosofia da história de Hegel, enfatizamos a passagem da moralidade objetiva à plena convicção da vontade, à submissão fatal de toda individualidade. Nesse movimento, a suprema abstração, o Estado torna-se possível e ao mesmo tempo a condição da realização da subjetividade no espaço externo como abstração jurídica, como personalidade, elementos esses que foram definitivos à formação do direito romano.

O que pretendemos resgatar: a norma se inscreve definitivamente como uma gravação do espírito (um elemento de sua substância e condição de sua liberdade). Nosso próximo capítulo, tratando sobre o material da história do direito é uma tentativa de mostrar a inserção material da magna e definitiva experiência humana que foi o direito romano na tradição clássica e que sua continuidade demanda um contínuo diálogo e reconstrução dessa tradição. Assim o direito romano foi recebido pela escolástica. E recebido foi refundado, como pura razão, pela tradição humanista.

2. Uma abordagem da permanência do direito natural

No capítulo anterior, procuramos dar fundamento ao pressuposto que nos conduz, de que a ruptura representada pelo direito moderno não alcança a concepção ontológica que se tornou predominante com a tradição socrática. No presente capítulo, tendo essa discussão como parâmetro, temos por objeto uma aproximação maior sobre a natureza do "diálogo" que o pensamento moderno realiza, em seu nascedouro, com a tradição filosófica. Nosso foco imediato é o direito romano. A partir dele, de sua recepção na alta Idade Média, procuramos destacar os elementos que se apresentam ao pensamento jurídico moderno em seus primeiros movimentos. Queremos afirmar que os elementos que se colocaram à renúncia pelo pensamento moderno não incluem o direito natural, que a inflexão metodológica que oportuniza a ciência jurídica dele se aproveita como pressuposto.

Em nosso itinerário, consideramos que o direito romano foi um fazer social-histórico que distinguiu a civilização romana na antiguidade, mas não um fato apartado do contexto histórico cultural da antiguidade. O complexo sistema jurídico criado pelos romanos importa uma espécie de ruptura, mas visamos aos pontos de continuidade e supomos que essa ocorrência reforça a coerência da jurisprudência romana na ambiência da antiguidade; que a criação histórica do direito romano é um fazer (outro) fundado na mesma tradição do pensamento filosófico da antiguidade; que o direito romano, especialmente na fase de seu apogeu, foi uma espécie de perspectiva pragmática, de sensacional resultado, à frente das questões postas pela filosofia ante a natureza.

A síntese que procuramos alcança a distinção do período helenístico, primeiro sob o domínio macedônio e depois sob o poder de Roma, onde a tradição exerceu uma influência intelectual sobre o centro e a periferia do império. A jurisprudência romana, como filosofia prática, representa outra forma de enfrentar as mesmas questões postas na síntese da metafísica, a partir de conceitos próprios formulados na eclética recepção no período helenístico.

No próximo capítulo, tendo a idéia moderna da ciência como objeto, tentaremos mostrar a intermediação da escolástica no diálogo do pensamento moderno com a tradição clássica. No que respeita ao direito, essa intermediação é ainda mais evidente. Este capítulo tem por objeto a permanência do direito natural, focando sobre dois episódios da história do direito romano: o episódio da criação, como fazer e como apropriação da idéia de natureza, como natureza mesmo e como recepção da tradição da filosofia grega; e o fenômeno de sua permanência, especificamente o registro do recurso à natureza como fundamento, na apropriação pela escolástica e ao final, sob o movimento onde o *Corpus* assume o lugar da Escritura e o texto, seu renascimento como monumento de racionalidade.

O que pretendemos ressaltar sob essa discussão é que o direito natural e, mais especificamente, seu pressuposto ontológico, metafísico, permanece intocável nesse diálogo. Consideramos importante a compreensão desse processo. No umbral da formação do direito moderno, o que está em questão, fundamentalmente, é mais fundamentação cristã do direito do que a fundamentação metafísica do direito à qual esta é filiada.[53] A relação da filosofia do direito moderno, em seu nascedouro, não se realiza diretamente com a tradição clássica, mas com a apropriação escolástica do pensamento antigo. Ao fim, ou sob um novo começo, uma nova descoberta do clássico alimenta o elogio do direito romano como razão, dando-lhe mais uma vez ânimo, o ânimo do mesmo espírito que o fez vida com o sopro divino.

É necessário ter cuidado com a repercussão desse episódio. Olvidá-lo pode corroborar a apressada separação, sob a égide do direito romano, entre direito natural e positivo. Especialmente, pode confundir as distinções entre modernos e antigos, que tendem à precipitação. A renúncia à metafísica cristã registra uma virada antropológica e uma força metodológica no sentido da identificação da norma como um objeto per si. Esses dois movimentos em absoluto têm o significado de uma renúncia – ou mesmo do início de uma renúncia – à ontologia herdada do pensamento clássico; antes a tomam por pressuposta. É um pressuposto que temos em conta e

---

[53] Aqui estabelecemos o ponto de desdobramento de nosso trabalho. Realizamos aqui um corte metodológico, porque, ainda que esse reconhecimento indique refletir sobre o direito natural racional, optamos apenas por indicar o pressuposto que reconstrói o direito como razão. Da mesma forma que não nos determos sobre o positivismo jurídico, que recebe plenamente essa herança.

ao qual queremos nos aproximar por essa reflexão sobre o direito romano.

— I —

O direito romano mantém sua pujança mesmo em sua fase tardia, quando experimenta significativas alterações, na estrutura de suas instituições, em suas normas e em seus fundamentos. Insinua-se como direito vulgar e estrutura as emergentes monarquias germânicas. Ajusta-se enquanto modelo ao direito eclesiástico. Dá-se como norma pragmática ao mercantilismo. Seus institutos tornam-se padrão à organização do poder no ressurgimento das cidades italianas. Sua estrutura oferece, enfim, o paradigma à emergência do racionalismo. De onde a pergunta: o que sustentou a permanência daquele sistema de direito, depois de desprovido da força do Império? Antecipamos nossa resposta: o ingrediente que animou sua continuidade foi a sua base racional.

Não é essa a visão predominante. O senso comum jurídico[54] comporta três pressupostos aparentemente harmônicos, como ensinamento do direito romano nos cursos de direito: a) a correta informação do valor edificante do direito romano; b) a constatação da superação do jus naturalismo e; c) associado ao segundo e seguindo a perspectiva do fim da metafísica, a desconsideração da recepção dos fundamentos do direito natural nos sistemas jurídicos da atualidade. A essas verdades é acrescida uma indevida dissociação entre direito natural e o direito romano, com o que mais uma vez sepulta-se a importância e o mesmo valor edificante que o direito natural tem para o nosso tempo. Um processo mágico, sob o qual se realça o caráter positivo do direito romano da fase de derrocada espiritual e se pretere a força criadora de um pensamento capaz de instituir, sobre um imaginário fundante, uma prática social paradigmática, para além de seu tempo.

Essas certezas precisam ser matizadas. A permanência do direito romano é uma forma especial de resistência, não de um sistema normativo, mas especialmente de uma tradição cultural e de suas razões: da história do direito romano, o que sobrevive com vigor é,

---

[54] "Para a formação dos juristas costuma propor-se o estudo do direito romano mais em qualidade de 'modelo' acabado de direito que como material cultural histórico. Mais é muito duvidoso que em nossos tempos possa servir de modelo um produto jurídico com partes tão importantes como o direito público e o direito econômico carentes de desenvolvimento suficiente. Como material cultural, em troca, é de grande interesse, pois foi o *nomos* de um império plurinacional". CAPELLA, Juan Ramón. *Fruto Proibido:* uma aproximação histórico-teórica ao estudo do Direito e do Estado. Porto Alegre: Livraria do Advogado, 2002, p. 62/63.

sobretudo, o seu núcleo vivo, o seu conteúdo filosófico, o que quer dizer seu fundamento de direito natural; as normas de direito são um veículo material do pensamento romano.

A influência do direito romano, para além de seu tempo, foi mais espiritual que positiva. O direito natural foi superado enquanto um sistema normativo, mas não enquanto conteúdo de fundamento. A própria redescoberta do direito romano mostra um processo de aproximação da natureza ao dar ênfase, nesse resgate, à dimensão racional da jurisprudência romana, fato que também apóia a emergência do direito natural racional, conquanto uma nova perspectiva de natureza na qual se apóia a filosofia política moderna. O pensamento jurídico da atualidade é muito mais subsidiário da longa tradição do direito natural do que parece ser, ou do que afirma o senso comum jurídico.

O direito romano é herdeiro do espírito de um tempo, é uma matéria do espírito filosófico. Sua construção política oferece um modelo ao Ocidente, pela força daquela cultura e, sobretudo, pela realização de importantes conceitos no âmbito da formulação política da filosofia clássica.[55] Impossível apartar a criação do direito romano dos problemas postos no contexto de seu nascimento e desenvolvimento. A secularização da norma jurídica como forma de mediação de conflitos evidencia uma manifestação da consciência – independente do apoio real, emprestado pela tradição da filosofia.

O reconhecimento dessa recepção e o seu papel na criação do direito requerem cautela. Hegel nos propõe, considerando a evolução do espírito sempre consciente, em direção à consciência absoluta, uma perfeita inserção do direito romano como herdeiro dessa tradição espiritual. Entretanto, nos mostra, sobremaneira, que os romanos percorreram caminhos inusitados, que nos fazem pensar que a sorte dessa criação está especialmente na força da carne daquele povo.

A República romana foi mais que um conjunto de instituições jurídicas articuladas em um sistema pretensamente ideal. Foi, sobretudo, um fazer social histórico. Fazer, conceito que implica o reconhecimento de uma consciência da ação, mas que abandona a idéia

---

[55] Nesse sentido, em "Que é Autoridade?", Hannah Arendt, indica que toda a história romana, afirma a apropriação conceitual, sob as condições existenciais romanas: "A despeito da grandeza da Filosofia Política grega, pode-se duvidar que ela tivesse perdido seu inerente caráter utópico se os romanos, em sua infatigável procura pela tradição e autoridade, não houvessem decidido encampá-la e reconhecê-la como autoridade suprema em todas as matérias de teoria e de pensamento. No entanto, eles puderam levar a cabo essa integração apenas porque tanto a autoridade como a tradição já haviam desempenhado um papel decisivo na vida política da República romana". ARENDT, Hannah. *Que é autoridade?* In: Entre o Passado e o Futuro. São Paulo: Perspectiva, 1972, p. 161.

de uma ação que tem consciência de seu objeto. O fazer compreende a dimensão infinitiva da ação humana, que não se encerra "antes" ou "depois", nem está aprisionada a uma forma dada; compreende a tessitura complexa do *instante*. Fazer é ação infinitiva e aberta que, não obstante, requer substrato, fundações, sustentações, historicidades, algo próximo de um composto estruturas/provisórias/definitivas.[56]

Herdeiros da tradição filosófica, certamente não é o elemento reflexivo que predomina nos primeiros momentos no fazer dos romanos. Os romanos são mais pragmáticos, característica que, afinal, se mostra inteira no direito. E é essa postura, pragmática, que recepciona o material herdado. O fazer histórico dos romanos incluiu elementos outros. Com apoio na filosofia do direito de Hegel, inferimos dentre esses elementos o ambiente hostil da fundação de Roma. O filósofo alemão destaca mesmo como aspecto predominante na história de Roma o recurso à força. A força como elemento decisivo na fundação, como requisito necessário à sedimentação, condição do poder interno, da construção da unidade, da expansão política. O predomínio da força do homem contra a natureza como condição da construção do Estado, da sedimentação de uma cultura e do desenvolvimento de seu predomínio externo.

A força do fazer realiza no âmbito externo uma vontade. Em Roma, a afirmação do indivíduo está articulada diretamente com a formação do direito. Vimos acima a diferença entre essa situação e a circunstância grega como a diferença histórica entre a ausência e o predomínio de uma moralidade objetiva. Em Roma, o indivíduo encontrava-se livre e a forma externa pôde realizar a interioridade do indivíduo.

O fazer consubstanciado no direito é uma dimensão externa do espírito. É um indeterminado/determinado. Determinado enquanto demanda objetividade, um elemento material na qual se realize[57]

---

[56] Castoriadis propõe elementos de uma teoria apropriada à infinitude/abertura de fazer, onde atribui à razão prática o momento privilegiado de projeto de elucidação. A direção imediata da proposta é a de um novo estatuto de teoria – dado à onipotência de teoria total –, que alimente a ação política revolucionária e vise a adequação da natureza infinitiva de fazer aos conceitos de história e revolução. Para isso, apóia-se no conceito de práxis e na psicanálise. Na psicanálise, modelo da relação fazer/saber, apóia-se para propor uma ação consciente, não fundada em uma teoria total, definida como uma atividade prático-poética. Já a práxis, um " fazer no qual o outro ou os outros são visados como seres autônomos e considerados como agente essencial do desenvolvimento de sua própria autonomia", se apresenta como um modelo político. Cf. *A instituição imaginária da sociedade*. Traduzido por Guy Reynaud. 2. ed. Rio de Janeiro: Paz e Terra, 1982.

[57] A objetividade é a forma exterior do direito. Nesse formato, o direito pode ser compreendido como emergência da subjetividade. Mas essa forma exterior ganha autonomia e de certa maneira a subjetividade é pura abstração, porque só tem existência real na dimensão formal do direito.

– cuja forma e conteúdo são muitas vezes escolhidos segundo a razoabilidade, outras por pura emoção. Indeterminado porque remete à natureza, ao espírito humano.[58] Realizando essa dimensão insondável, abriu espaço ao infinito da interioridade e deu efetividade às relações inter-individuais, articulando a emergência das imagens construídas como necessidades nesse mundo de indivíduos.

Assim, tornou possível a mediação das vontades. Retomando as características realçadas por Hegel, num mundo cercado de hostilidades, essa fenomenologia tomou duas direções – a formação do Estado e a idéia de cidadania. Para ambos temos uma constituição diversa do mundo grego.[59] O Estado romano cristaliza o encontro e o confronto desses interesses.[60] A idéia de cidadania é igualmente uma subjetivação do sentimento predominante de proprietário.[61] O conceito de cidadão evidencia a supremacia do valor da posse sobre as relações inter-individuais, e mesmo o estabelecimento de relações sociais mediadas pela idéia de posse.

A esse elemento pragmático individualista soma-se a problemática da tradição filosófica, como o epicurismo e o estoicismo; e sua dimensão ativa da virtude, a força social de idéias como o belo e do justo, reflexões implicadas componentes da norma. Enfim, usando a terminologia de Hegel, a diferenciação do direito romano, de sua fase arcaica à clássica, é também o amadurecimento do espírito subjetivo. Denota que o que alcança a dimensão positiva, a norma, está, acima de tudo, articulado com a natureza das coisas, é uma dimensão positiva da natureza do tecido social.

Pensar o Direito Romano na origem de nossa cultura jurídica exige considerar o ambiente de Roma, um olhar para Roma em seus contextos interno e externo. Ter em conta o ambiente de conflitos entre patrícios e plebeus, que reorganizavam continuadamente a sociedade e lhe conferiam a unidade necessária ao expansionismo militar e comercial. Bem como a expansão política, que ampliava a relação cultural com os povos, em especial com os gregos, no decor-

---

[58] Essa concreta fugacidade conota mais que as vontades caras ao direito. Remete a dimensões mais evasivas, mais abertas que às vontades. Frente ao insondável, retomamos, reticentes, nosso objeto.

[59] Aqui se abre uma reflexão importante para o estudo da história das instituições jurídico políticas de Roma. As Assembléias romanas estão longe do significado das Assembléias da democracia. Mas também não constituem a forma própria do poder Macedônio. O mesmo acontece com os magistrados romanos, que tem muito mais significação na composição do poder romano, e são absolutamente distantes da idéia de funcionários. Os romanos desenharam seu estatuto político, portanto, ao que se vê, (re)significando as instituições da antiguidade.

[60] E encontra-se desde o início frente à dupla função de resguardá-los, consubstanciando na frente externa a força capaz de promover suas defesas e garantir seu predomínio e, no âmbito interno, dar garantia material à cristalização dos sentimentos individuais.

[61] Cf. Capella, Juan Romón, Obra Citada.

rer do Séc. III a.C. Desse contato, já sob o período da filosofia Helenística, depois das reformas do mundo antigo impostas pelo poder macedônio, com uma preocupação filosófica orientada à moral e à ética, Roma prepara sua recepção da cultura grega, incorporando suas conquistas, a exemplo da arte, da filosofia e da educação. Por via da pedagogia, as diversas concepções filosóficas da Grécia passam a fazer parte da cultura romana.

As transformações do direito não podem ser distanciadas dessas realidades. Ao contexto interno, o direito ocupou uma dimensão pragmática. A Lei das XII Tábuas, por exemplo, nos meados do Século V a.C., foi um estatuto que reconciliou parcialmente uma sociedade dividida. Em uma dimensão mais pragmática, contudo, essa recepção oferece seus resultados imediatos na formatação jurídica de instituições políticas. Com a secularização do direito, a criação de uma nova ciência, cujo objeto era a consecução social do jus.[62] O recurso à norma jurídica é tão definitivo à história de Roma quanto o banimento dos reis estrangeiros. Pela expulsão dos reis, os patrícios assumem a soberania, as magistraturas civis e religiosas. Mas foi em torno do direito, e mais que isso, da luta pela efetividade de suas normas,[63] que se oportunizou unidade a uma sociedade cindida, que transformou os indivíduos em cidadãos, a comunidade em Estado e confirmou a imagem do Estado como pátria.

Já em sua fase arcaica do direito, os romanos mostraram uma ativa habilidade para renovar suas instituições jurídicas e criar alternativas capazes de manter a unidade e a continuidade de Roma. A idéia mágica da fundação se prestou a um recurso imaginário que fundamentou esse processo. Para Hannah Arendt:

> no âmago da política romana, desde o início da República até virtualmente o fim da era imperial, encontra-se a convicção do caráter sagrado da fundação, no sentido de que, uma vez que alguma coisa tenha sido fundada, ela permanece obrigatória para todas as gerações futuras.[64]

---

[62] Silvio Meira mostra-nos a influência das cidades itálicas na redação das leis que oportunizaram a unidade de Roma. A partir delas, iniciou-se o processo de secularização, com a dinamização das instituições. Cf. MEIRA, Silvio. *A lei das XII tábuas*. Rio de janeiro: Forense, 1972.

[63] Afirma Hegel que "as leis das Doze Tábuas eram muito indeterminadas, ficando as sentenças a cargo da arbitrariedade do juiz. Só os patrícios poderiam ser juízes, e assim muito perdurou o antagonismo patrícios *versus* plebeus. Progressivamente os plebeus alcançaram todas as posições sociais e adquiriram as competências que antes só estava à disposição dos patrícios". HEGEL, *Filosofia da história*. 2 ed. Brasília: Universidade de Brasília, p. 245 .

[64] Ibid., p. 162.

Um dos resultados de um movimento tão precário quanto gigantesco foi a criação da República,[65] junto à democracia grega, paradigma político do Ocidente.

A aptidão dinâmica do direito romano é uma característica pouco refletida dessa extraordinária criação. O direito mostra-se capaz de acompanhar a espetacular diferenciação da formação social em expansão política, comercial, cultural, enfim. O direito adapta-se às circunstâncias históricas, mostra-se aberto, flexível, com a reorganização, readaptação ou mesmo a criação de novas instituições políticas, para o ajuste ao tecido político em intensa reorganização social e à emergência de novas classes. Nas palavras de Savigny,

> o que de fato engrandeceu Roma foi o espírito político ágil e animado que sempre a fazia estar preparada para renovar as formas de sua Constituição, que o novo apenas ministrava ao desenvolvimento do velho – uma mistura judiciosa de princípios adesivos e progressistas.[66]

Em Roma, destaca Savigny, o desenvolvimento ulterior implicou a corrupção das formas constitucionais. Mas não existiam na esfera privada as mesmas causas dessa degeneração. Mediada pelo direito, essa dinâmica foi um elemento que permitiu a emergência de um sujeito abstrato/concreto, portador de personalidade civil, o cidadão romano e o fortalecimento da cultura romana em sua constante abertura e relação com outras culturas. O movimento expansionista conviveu com o igual desenvolvimento de um sentimento de pertencimento, em torno da idéia de Roma, de onde a imagem de um movimento de abertura, com um outro, que não é exatamente de fechamento, mas de mantença de um núcleo estável, que remete à idéia de uma natureza social recorrente a emprestar apoio às ações da sociedade no seu cotidiano, o que aqui nominamos como tradição. Uma dinâmica que se apóia em um núcleo estável.

No processo de secularização dessa relação social mediada pelas normas jurídicas, que inclui a recepção de elementos de culturas outras, os romanos colocam-se, pela via do direito, ante os dilemas do pensamento filosófico, construindo uma espécie de filosofia prá-

---

[65] Somente uma visão histórica absurdamente fragmentada poderia desvincular a criação da República da sorte do direito e da sua evolução da fase arcaica à fase clássica. De uma forma rígida, os manuais de direito romano apontam como termo inicial da fase republicana a assunção do poder pelos romanos, mediante as assembléias. Entretanto, o direito permanece pré-clássico, experimentando uma série de transformações diretamente vinculadas, nessa época, às transformações políticas. Esse fato coloca um poderoso elemento para o estudo da relação entre o direito público e o direito privado, mas, acima de tudo, para o estudo do direito como o modo de ser – e de vir a ser – da institucionalização do público.

[66] SAVIGNY, F.C. VON. *Da vocação do nosso tempo para a legislação e a jurisprudência.* In: MORGIS, Clorence (org). *Os grandes filósofos do Direito:* leituras escolhidas em Direito. São Paulo: Martins Fontes, 2002, p. 293.

tica, uma prática social que buscava a determinação da solução de conflitos que permitisse, diante do inusitado, a reafirmação da natureza, do essencial.[67]

Já sob um novo mundo, entretanto. Quando a cidade deixara de ser o horizonte moral do indivíduo; a cidade e o reconhecimento de direitos de participação nas suas instituições já não eram a condição de existência do homem quando a cisão entre o homem e o cidadão foi efetivada. Sob esse novo mundo, a filosofia havia se voltado para a determinação da natureza da moral, à compreensão do indivíduo e dos fundamentos de sua inserção no novo mundo.

— II —

A recepção da tradição do pensamento filosófico grego deu nova significação à construção histórica da unidade de Roma. A esse respeito Hegel observa, mais uma vez, o sentido pragmático da recepção romana, na qual mesmo os deuses são submetidos ao critério da utilidade: sem consubstanciar uma pura humanização, enlaçando-a a uma significação religiosa.[68] Nesse processo, a idéia da fundação mostra sua dimensão de natureza. Alcança, afinal, a condição de referencial de permanência, afirmando-se como importante fio condutor do processo de fortalecimento da identidade cultural. Como referência, é presença e reafirmação, mesmo diante da emergência das complexidades próprias, como o sistema jurídico, e de uma extraordinária abertura decorrente do crescente poderio do Estado.

O direito romano enriqueceu as justificativas das soluções normativas, cristalizadas na sua jurisprudência, uma ciência – arte –, como se auto-refere esse pensamento; para Cícero, a arte do bom e do justo, o que indica no conceito toda a complexidade da idéia de saber ensaiada pelos próceres do pensamento grego clássico. Uma técnica, certamente. Uma disciplina do espírito, sobretudo, informada pelo amplo objeto do bem, do justo e do belo.[69] Com as delica-

---

[67] Somente no processo de sua utilização, o recurso à norma, bem como a determinação de seu eventual conteúdo, passa a qualidade de material de reflexão. Tal refinamento depura-se com a apropriação da cultura filosófica e tem na fundação das escolas jurídicas um meio de propagação desse pensamento.

[68] A religião era, para os romanos, uma forma de ligação com o passado: *re-ligare*. Como destaca Hannah Arendt, "as divindades mais profundamente romanas eram Jano, o deus do princípio, com o qual de certo modo ainda iniciamos nosso ano, e Minerva, a deusa da recordação". Ibid., p. 162

[69] "... o que é mais divino, não direi apenas no homem, mas sim em todo o céu e em toda terra, do que a razão? E a razão quando é madura e perfeita, é corretamente chamada de sabedoria. Por conseguinte, como não existe nada melhor do que a razão, e como ela existe tanto no homem como no Deus, a primeira posse comum do homem e do Deus é a razão. Mas aqueles que possuem razão em comum também devem ter a razão correta em comum. E como a razão correta é a Lei, devemos acreditar que os homens

das reflexões sobre a natureza das coisas, que envolvem a idéia de uma essência e do conhecimento, tem-se a questão da possibilidade da verdade e das soluções justas; nessa variante, exercem um papel preponderante o argumento, a retórica e, sobretudo, a lógica; da mesma forma, na construção dessa tradição, surge a educação e a emergência de uma disciplina científica como requisito da consecução do saber.

O recurso a esse fundamento racional, e à alta densidade da racionalidade de que se revestiu a jurisprudência romana, não realizou o diferencial que a ela se pretende: o fundamento de sua legitimidade, de sua validade para além de seu próprio tempo, que insinua a si mesmo – enquanto expressão da razão – como a qualidade dos universais. Se o direito romano é universal, essa natureza só pode ser recolhida em sua particularidade, na particularidade de sua relação com sua própria natureza, o que inclui certamente seus elementos não racionais.

A efetividade do direito romano deve ser buscada em seu fazer. O recurso à reflexão grega não implicou no abandono de uma ideologia de Roma. Em sentido contrário, Hannah Arendt, como Hegel, realça a característica da apropriação romana da tradição, a extraordinária capacidade de (re)significação dos elementos gregos. Observando que os romanos desenvolveram uma idéia própria de autoridade (apoiada no princípio, no ato fundacional) para a qual o crescimento era inclusivo.

Essa concepção permitiu-lhes adotar diferentes experiências, idéias, heróis, deuses, filósofos, enfim. Na expressão de Hannah Arendt,

> o fato historicamente essencial é que os romanos sentiam necessidade de pais fundadores e de exemplos autoritários também em matéria de pensamento e de idéias, aceitando os grandes "antepassados" na Grécia como em teoria, Filosofia e Poesia. Os grandes autores gregos tornaram-se autoridades nas mãos dos romanos e não dos gregos. A maneira como Platão e outros antes dele trataram Homero, "o educador de toda Hélade", era inconcebível em Roma, e, tampouco, um filósofo romano teria ousado "erguer a mão contra seu pai [espiritual]", como Platão declarou de si próprio (em O sofista), ao romper com a lição de Parmênides.[70]

---

também têm a Lei em comum com os deuses. Além disso, aqueles que compartilham a Lei também devem compartilhar a justiça e aqueles que compartilham isso devem ser considerados membros da mesma comunidade. Se de fato obedecerem às mesmas autoridades e poderes, isso é verdadeiramente num grau muito maior; mas na verdade obedecem a esse mesmo sistema celestial, a mente divina, e ao Deus de transcendente poder". CÍCERO. Marco Túlio. *Leis*. In: MORGIS, Clorence (org). *Os grandes filósofos do Direito:* leituras escolhidas em Direito. São Paulo: Martins Fontes, 2002.

[70] ARENDT, Hannah. Ibid. p. 167.

Se as correntes mais próximas do direito romano no âmbito do helenismo já possuem o ecletismo como característica, os romanos mais ainda receberam a gama de seus predecessores. E nenhuma das recepções os afastou do princípio. Assim, as instituições jurídicas romanas mostram, de um lado, a sociedade política em sua carne, e, de outro, a aproximação à metafísica, um esforço de centralização da razão na compreensão da natureza e na definição conceitual e pragmática da liberdade, da justiça e, conseqüentemente, do direito.

Esse ecletismo está presente nas instituições jurídicas e, acima de tudo, na relação dos romanos com suas instituições, realidade que também evidencia o exercício das questões morais postas pelo pensamento filosófico. Procuremos, com apoio em Hannah Arendt, elucidar o que aqui apontamos como ecletismo presente nas instituições e nas relações. Nossa pensadora discute a autoridade e após considerar a impossibilidade, sob a atualidade, de precisar esse conceito, pelo desfazimento mesmo da autoridade pela modernidade, aponta seu estudo para a história da autoridade e destaca de suas características que é diferente de poder ou violência e incompatível com a persuasão.[71] Considerando a origem platônica do conceito, Arendt dialoga vivamente com a compreensão do problema do pensador grego. Por fim, destaca a recepção romana, que a realiza institucionalmente e lhe dá forma léxica.[72]

Tal recepção só foi possível porque, ainda de acordo com Hannah Arendt, tanto a autoridade quanto a tradição haviam desempenhado um papel decisivo na vida política da República romana. Então, a recepção só pode realmente ser percebida se focado o fazer, o itinerário que a tornou possível. Nossa autora, tendo em conta que a autoridade não se funda nem no poder, nem na persuasão, que é a instituição de uma desigualdade, de uma hierarquia, tem por objeto os motivos dessa obediência que conforma a unidade política romana. E, voltando-se à origem, verifica a exaltação do princípio como um dos seus elementos mais importantes.

Hegel afirma que "entre os romanos, o espanto religioso não se desenvolveu, ficou preso na certeza de si mesmo".[73] Esse diferencial em relação aos gregos – que elevavam esse espanto à abstração, não absoluta, porque ainda presa à natureza –, é percebido por Hannah

---

[71] "A relação autoritária entre o que manda e o que obedece não se assenta nem na razão comum nem no poder de quem manda; o que eles possuem em comum é a própria hierarquia, cujo direito e legitimidade ambos reconhecem e na qual ambos têm lugar estável predeterminado". ARENDT, Hannah. Ibid., p. 129.

[72] A partir da filósofa queremos demonstrar a força viva da idéia de natureza na formação do direito romano. Não seguiremos, portanto o mesmo objeto do artigo citado.

[73] HEGEL. Ibid., p. 248.

AUTONOMIA E NORMA JURÍDICA

Arendt como um elemento da genealogia da autoridade, que nos aproxima da explicação do fato da obediência. À diferença dos gregos, que dominaram os deuses naturais e os mantiveram à margem – a natureza à margem! – e que conservaram as características naturais e até humanas nos novos deuses, mas lhes deram uma morada à margem, os romanos os mantiveram em si mesmos, como certeza. Deram-lhes Roma como morada, e assim os preservaram como elementos de sua prática política.

A autoridade tem sua origem num fato em que a ação humana é igualmente divina, num fato que aproxima homens e deuses, a fundação, como é o sentido da citação de Cícero, por Arendt: "em nenhum outro campo a excelência humana acerca-se tanto dos caminhos dos deuses (numen) como na fundação de novas comunidades e na preservação das já existentes".[74] Esse objeto que se renova na ação cotidiana dá dignidade à política, por reafirmação, do instante fundacional.

Podemos perceber aflorar o ecletismo ao qual nos referimos. O ato da fundação – e as instituições jurídicas que a conformam – é um ato humano, mas com uma significação divina, o que dá a seu resultado uma aura sacrossanta. O sagrado, presente na realidade, torna-se físico, mas concede imanência a essa dimensão, enobrece, glorifica-a. Nessa articulação originária do direito, da qual emergem as instituições jurídico-políticas – as quais se nos apresentam como paradigma político, e as quais se releva a dimensão racional[75] –, verifica-se o predomínio de uma acepção natural, no sentido preciso, como prisão à natureza, como elemento essencial na recepção da abstração própria do espírito grego.

A autoridade tem na fundação o seu princípio. A obediência à autoridade reside nesse ato coletivo. Não um ato único, mas um ato continuado, que requer renovação, e dá ao fazer uma qualidade ética, porque reconhece que o ato originário – a morada em seus pilares mesmo – está em questão nas ações cotidianas. A boa ação pública requer a ciência dessa natureza, a ação virtuosa é aquela que alcança a conformidade com esses princípios. Ante os dilemas – em grande parte, normativos –, é o princípio que se insinua e requer a melhor direção, o desenvolvimento que enfim o confirme. O princí-

---

[74] CÍCERO, *De Re Publica*. apud ARENDT, Hannah. Ibid. p. 163.

[75] Somos tentados a observar que o elogio à alma romana, no sentido lato, que engloba a consciência possível revelada nesse fazer, e a consciência que se tornou possível com a tradição, é muito mais próximo e revela muito mais a realidade do que o elogio da razão. Mas isso implicaria admitir que a razão são muito menos, ou muito mais que ela mesma.

pio é sempre e se espalha nos atos cotidianos, na imagem platônica, o ser único nos plurais, por participação.

A fundação, como ato pretérito, é vivida como imagem. O fundamento da autoridade é natural e sua realidade é normativa, quase como derivada, no sentido pré-socrático. A titularidade da autoridade é difusa: se de um lado ela se refere ao povo, de outro alcança o povo na história, porque fora da tradição, da articulação contínua com o princípio, o povo é impensável. A autoridade remete ao passado como um fato, requer sempre a presença em remissão. Algo que parece impreciso, mas se impôs como solidez no tempo.

Coletiva, histórica, difusa, sacrossanta, real, imaginária, normativa. Eis algum dos atributos da autoridade. Talvez sejam essas características que demandam a distinção entre *autorictas* e *potestas* que consubstancia as instituições jurídicas romanas. Uma sutileza que as preserva. Preserva a autoridade em sua natureza e o poder em sua dureza. Com Hannah Arendt: "a autoridade, em contraposição ao poder (*potestas*), tinha suas raízes no passado, mas esse passado não era menos presente na vida real da cidade que o poder e a força dos vivos".[76]

Essa "separação" consistia na titularidade da autoridade (*autorictas)* pelo Senado, como principal assembléia, porque reunia, desde a origem, os fundadores e no exercício do poder (*potestas)* pelas magistraturas, sendo a magistratura consular a principal delas. Arendt realça que a característica mais marcante de quem tem autoridade é a de não possuir o poder, o que instiga compreender as razões da obediência, objeto que prossegue, dando destaque ao conteúdo religioso que se revela na história da política romana.

Sempre com vistas a nosso objeto, fazemos aqui um desvio e nos afastamos da reflexão de Arendt sobre a autoridade. Constructas da natureza, como força sobre-humana, divina, agindo sobre a natureza, as instituições normativas revelam e resguardam uma ordem, tanto quanto reconhecem sua desordem e precariedade e, para essa circunstância, rememoram e resguardam a hipótese da força. Referimo-nos ao caráter híbrido que se revela nas instituições com a previsão da hipótese da ditadura.

Considerando o conceito ideal das instituições republicanas, em tese, o Senado não renuncia à autoridade. Mas o fazer indica um conflito com a idealidade e a ditadura se desenvolve como que anômala nesse sistema. O recurso à ditadura foi recorrente na história e

---

[76] ARENDT, H. Ibid., p. 164.

AUTONOMIA E NORMA JURÍDICA

essa prática foi edificante, uma dimensão material da história romana. Assim, a compreensão do papel dessa magistratura extraordinária não pode ser verdadeiramente alcançada se no quadro de uma discussão puramente conceitual. Primeiro porque, como vimos, o conceito de autoridade que a informa é necessariamente impreciso; segundo porque, de fato, foi um recurso de força, previsto no próprio princípio; terceiro, porque esse recurso foi um meio efetivo de ressignificação das instituições.

Por outro lado, e mesmo tendo em vista o alcance de abertura histórica que a singularidade do recurso a essa estratégia apresentava, deve-se compreender que ela colocava em foco a questão da moral, tendo em vista o cruzamento de projetos de indivíduos e de facções que percebiam na ditadura um instrumento político grandioso,[77] como indica a recorrência a essa magistratura extraordinária, a recorrência à "circunstância".

O âmbito do direito privado também se reveste desse ecletismo. O desenvolvimento do direito mostra propriamente a conquista de um novo conhecimento. Porém, mesmo a forte racionalidade não depura o direito de seu conteúdo natural. Em um forte sentido, a construção do direito nessa perspectiva é o desenvolvimento de um sistema conceitual, como revelação da qualidade de seus objetos.

É essa construção, tanto quanto sua relativa autonomia em relação ao Estado, que estrutura o extraordinário desenvolvimento normativo. A jurisprudência romana é uma criação que tem em sua fundação um relativo grau de liberdade em relação às instituições jurídicas públicas; novamente com Savigny, "o direito romano, tal como o direito consuetudinário, formou-se quase que inteiramente de dentro para fora; e sua história mais detalhada mostra o pouco, no todo, que a legislação expressa o afetou, enquanto ele continuo vivo".[78] A associação da reflexão ao exercício da magistratura pretoriana impulsiona o desenvolvimento de uma prática que seculariza o recurso da magistratura – da função pública – à racionalidade.

Mas o caráter formal do direito romano não pode ser minimizado, porque reveste os atos dessa áurea de religiosidade imanente em Roma. A forma não vale por seus signos, ela vale (empresta força coercitiva a seus objetos) pelo que conota, pelo que representa de valor, no sentido axiológico. Em Roma, a forma que reveste o direito tem um caráter simbólico, conota a totalidade de sua natureza e nesse

---

[77] Essa é mais uma questão que deixamos aberta. E, por sob ela, o debate moral que se coloca em momentos decisivos da sua história, como na crise final da República.

[78] Ibid., p. 293.

movimento remete a, infere a grandeza de seu conteúdo. No nascedouro do direito, o recurso ao formalismo não significa, "verdadeira gramática da lei", qualquer matéria própria de uma racionalidade científica.[79] Só muito depois esse simbolismo se foi apropriado pelo racionalismo. Apropriado, mas não eliminado. A eliminação desse simbolismo viria implicar a falência do direito, que não pode sobreviver como pura razão.[80]

Mais que as normas em si, vale ressaltar a força daquilo a que elas remetem, uma racionalidade que exercita a sua autocompreensão, que se reconhece como um elemento da natureza, que se revela ontológica. É esse o âmago de uma prática que se desenvolve na sociedade e se torna indispensável no exercício das magistraturas, exigindo da sociedade uma educação apropriada, uma apuração de seus próprios sentidos da sociedade para a compreensão do fenômeno que se lhes colocavam.[81]

Essa concepção informa a dimensão institucional e em especial o direito, que desenvolve na dinâmica de sua jurisprudência uma prática científica orientada ao conhecimento da natureza, mediante o desenvolvimento dessa razão. O direito romano clássico é uma atitude orientada à razão. A concepção do direito, nessa fase, é, portanto, uma concepção de direito natural.

O direito romano tem sua origem no longo período de maturação da república, como um direito parcialmente autônomo. Seu desenvolvimento apoiou-se nas imagens que permitem a unidade de Roma e se diferencia historicamente, ganhando uma complexidade sistêmica por uma dupla provisão: alimentando-se da autoridade das instituições jurídico-políticas e da racionalidade decorrente de seu diálogo com a filosofia.

---

[79] "Pelo contrário, encontramos então atos simbólicos empregados de maneira universal para a criação ou extinção de direitos e deveres; é a sua palpabilidade que retém externamente a lei numa forma fixa; e sua solenidade e peso correspondem à importância das próprias relações legais (....) Esses atos podem ser considerados como verdadeira gramática da lei nesse período; *e é importante observar que a principal tarefa dos antigos juristas romanos consistia na sua preservação e aplicação acurada*". SAVIGNY. Ibid., p. 289, (grifos nossos).

[80] Nesse sentido, ver DAVID, G.; CASTORIADIS C. *Le projet d'autonomie*. Paris: Éditions Michalon, 2000, p. 124 e seguintes, Gerard observa que de Castoriadis que reclama a necessidade de justificação da validade do direito, mas não a indica, refutando, todavia a idéia mesma de uma justificação racional. Integralmente racional, acrescentaríamos, tendo em vista a idéia de autonomia encerra o projeto de alcançar a maior racionalidade possível.

[81] Não perdemos de referência o sentido pragmático da recepção romana da tradição filosófica. Não foram muitos os pensadores romanos – um grupo de meia centena, segundo Capella –. A criação do direito foi notadamente técnica, com a formulação de conceitos que deram estrutura à linguagem jurídica. Cf. obra já citada.

— III —

A longa história do direito romano comporta fases diversas, conforme as características predominantes em suas faces pública e privada.[82] Tal observação, quando ocupados da permanência do direito romano, nos coloca a questão de qual direito se ofereceu à alta Idade Média ou em qual período do entrecruzamento de suas instituições públicas com o seu direito privado foram engendradas as instituições jurídicas da Europa Ocidental na Idade Média.

O período tardio consigna o declínio da cultura romana, uma fase complexa, na qual se cruzam influências diferenciadas. Desse momento recolhemos duas características,[83] as quais não podem ser tomadas isoladamente: a) no âmbito do direito, de um lado, a radical transformação de suas instituições públicas, com a passagem do principado ao dominato, marca a inflexão a um patrimonialismo monárquico. De outra face, o direito se cristaliza com a crescente codificação; b) E, no âmbito do pensamento, a aproximação do cristianismo com a filosofia, quando a Igreja de forma definitiva inicia o monopólio da formação cultural.

No âmbito do direito, essa fase consigna a definitiva centralização da produção normativa pelo poder Imperial. O poder do Estado asfixiou a autonomia típica do primeiro período.[84] Não por acaso, essa fase se caracteriza também pela ampliação das codificações.

As transformações institucionais desse período implicaram a definitiva identificação entre poder e autoridade, devido especialmente ao recurso à força ascendente da espiritualidade cristã.[85] Ao

---

[82] Não convém a discussão dessas fases. Apenas para anotação, os romanistas tomam como pressupostos para delimitar as fases do direito a história de suas instituições públicas, o âmbito da história externa do direito romano, ou o desenvolvimento de suas normas de direito substantivo. Para essa última, o apogeu do direito romano ocorreu entre o séc. II a.C. e o final do séc. III d.C. A partir de então, o direito segue uma fase de declínio, que no âmbito das instituições políticas corresponde à fase do baixo Império.

[83] Afastamo-nos, por evidente, da discussão própria desse período histórico. Trata-se de uma temática que nos tomou tempo excessivo, não apenas de investigação, mas, sobretudo, para encontrar uma solução metodológica que não ocupasse a direção de nosso trabalho. Escolhemos a identificação de duas características, as quais, de nenhuma maneira têm pretensões que ultrapassam o método.

[84] Aqui fervilha uma questão: pensamos que o direito ao final da República oferece um paradigma perdido ao ocidente, tendo em vista o seu conteúdo de espontaneidade, queremos dizer, de independência das formulações em relação ao Estado. Não se tratava de um direito consuetudinário, por certo, mas com um alto grau de autonomia – no sentido de Castoriadis, ousamos, porque acompanhada de cada níveis cada vez mais elevados de racionalização. A questão colocada é que já o Império em sua fase de maior nível de racionalização, absorvera para si a autoridade da jurisprudência, intervindo de forma forte na autonomia do direito. O que a fase de decadência do direito afirmava, pensamos como hipótese não desenvolvida, por isso ao pé da página, desdobra-se do ato que soterrou o paradigma da autonomia do direito.

[85] Importante considerar que a autoridade, no sentido empregado por Hannah Arendt, que aqui adotamos, não se rompera. Nesse sentido, há de se ter em conta o papel que tem a religião cristã, que recupera em substância a autoridade do Estado, com o ato de Constantino.

lado da proibição do paganismo, o cristianismo estabelece maior relação com a filosofia grega. De forma implacável, a igreja toma parte no debate filosófico e interfere decisivamente no destino desse pensamento. Esse movimento é de forte impacto sob a formação cultural do ocidente. A interpretação de Hannah Arendt, a respeito da relação da Igreja com o Império, reconhece que a própria igreja se transforma. Nessa relação direta com o pensamento grego, igualmente, a Igreja absorve seus elementos. Mas se apropria de seus conceitos, especialmente revisando os textos que remetem à teologia, de que é exemplo a filosofia patrística.[86]

Foi esse o direito romano que se colocou à alta Idade Média. Após a crise final do Império, até a redescoberta da sistematização de Justiniano,[87] o contato do que veio a ser a Europa Ocidental com o direito romano foi fragmentado, com aspectos determinados da tradição, por via indireta, por meio de recepções dessa cultura e não nos traz o espírito que alimentou a criação romana.

A cultura jurídica romana foi mais que conveniente à nova ordem social. Esta nova ordem fora mesmo engendrada a partir de elementos daquela cultura. Tivera origem ainda sob a égide do Império, em meio ao convívio com o direito romano. A estrutura do poder romano em sua última fase ofereceu o modelo institucional que se adequou à tradição dos emergentes reinos germânicos. A estrutura burocrática da longa tradição do Estado romano também a estes emprestou moldura. Ao mesmo tempo, os reinos aproveitaram em muitos casos a cultura jurídica, através de importantes codificações de direito vulgar.

A Igreja Cristã também se aproveitaria da organização burocrática do poder romano, de forma infinitamente mais rica, entretanto. A cristandade era o relicário de um importante tesouro da criação. Por uma série de fatores, foi a confluência de grande parte da tradição da antiguidade. Do ponto de vista estrito da religião, o cristianismo aproveita da tradição hebraica. Por sua história em sede romana,

---

[86] Nesse sentido ver Boehner, Philotheus e Gilson, Etiene. *História da Filosofia Cristã*: desde as origens até Nicolau de Cusa. 7 ed. Petrópolis: Vozes, 2000 e PÉPIN, Jean. A filosofia patrística: os padres da igreja e as correntes da filosofia grega. In: CHÂTELET, François. *História da Filosofia*: De Platão a Santo Tomás de Aquino. 2 ed. Lisboa: Publicações Dom Quixote, 1995

[87] Veículo material do conhecimento ocidental do espírito do direito romano, o *corpus juris civilis*, foi fruto de um inestimável esforço, ao fim de um longo período de decadência espiritual do Império Romano e do seu direito, de reunir em documento a riqueza da longa tradição jurídica romana. Atinge, com isso, um papel educador ao Império Bizantino e, para ocidente, meio milênio mais tarde, possibilitou um contato profundo com a cultura jurídica de Roma. Segundo Franz Wieacker, a redescoberta do Corpus pela Europa Ocidental foi o marco inicial da história do seu direito privado. Wieacker, F. *A história do direito Privado Moderno*, 2. ed, Lisboa, Fundação Calouste Gulbenkien, 1980.

aproveitara a extraordinária expansão econômica e cultural, o que inclui o intenso diálogo com o pensamento grego.

O predomínio do cristianismo influenciou diretamente as instituições jurídicas: pelo papel que desempenhou na conformação de uma autoridade comum, articulando poderes regionais resultantes da fragmentação política; pela introdução de normas jurídicas afeitas à moral cristã; e, sobretudo, pela reorientação do fundamento de direito natural que desenvolveu, demarcando, a partir de Santo Agostinho, o predomínio de uma nova metafísica.

A Igreja associou o ensino do direito ao ensino eclesiástico (ao lado do desaparecimento das escolas jurídicas).[88] Essa reforma deu à Igreja o monopólio da cultura jurídica daquele período histórico e também lhe permitiu submeter o fundamento do direito à idéia cristã de natureza. Com esse fundamento, formou uma elite jurídica de gerações. Reorientada à formação cristã, a educação da elite cultural não sofreu alterações significativas em sua metodologia. A formação cristã manteve o sistema pedagógico da antiguidade tardia, fundada no ensino do *trivium* (gramática, lógica e retórica) e das artes liberais, fato que teria conseqüências positivas no limiar da alta idade média, com o início da descoberta do mundo antigo e o prelúdio do renascimento daquelas culturas; no direito, o retorno ao estudo dos textos clássicos, pela via do *corpus juris civilis*. A pedagogia da antiguidade tardia mostrou-se adequada à nova metafísica. Com a reorientação de seu objeto ao estudo das escrituras, desenvolveu-se, no direito, uma sistemática predominantemente exegética e uma lógica presidida pela subsunção decorrente de um ponto de vista necessariamente dogmático, advindo da relação com a natureza sagrada dos textos.

O obscurecimento do direito romano seria então um resultado desse processo. Pensamos que se trata de uma interpretação, sem conseqüência positiva, que não percebe a qualidade de sua permanência. Mas a tomamos para dar matiz a um pressuposto que pode ser apoiado na expressão do senso comum que admite o obscurecimento (e não a ressignificação) do direito romano. Um direito profundamente fragmentado não teria vigor para oferecer a um pensamento que renasce na percepção do clássico: um paradigma do direito, um modelo conceitual de direito, uma visão abrangente do direito, que o alcança em sua inserção mesma com a natureza. Essa práxis não teve a força de um paradigma – não foi ela que o emergente pensamento elegeu como alvo de sua crítica para lançar as bases de uma revolução.

---

[88] O ensino jurídico em uma escola profana só teria lugar com a escola de Bolonha, no final do Séc. XI.

Em síntese, para fins de nosso argumento, sob a alta idade média da Europa Ocidental, o direito romano perde, continuadamente, sua qualidade. Como sistema erudito, conceitual, permite a emergência do direito canônico. Como cultura, empresta o método de redução para dar forma positiva aos direitos dos povos germânicos. Como normas de direito positivo, sobrevive, cristalizado, por compilações de direito vulgar, adequadas às organizações políticas das monarquias dos povos emergentes. Nenhuma dessas direções que tomou o direito romano o questiona em sua qualidade. Sob uma realidade de pluralidade de direitos, a unidade e a erudição cristãs consagraram um direito sofisticado, sistêmico, que ofereceu o fundamento de validade do fenômeno da ordem, tanto de sua esfera privada, quanto da realidade do poder.

A consolidação de Roma foi um processo de confirmação da tradição, onde um povo se manteve atado à fundação, à origem, à sua natureza, enfim, tornando-a ainda mais rica e acessível; processo no qual a recepção de elementos desenvolvidos de uma cultura ganhou a expressão da criação da ciência romana do direito; uma ciência que se voltava à natureza, que não subtraia a expressão positiva da norma de sua dimensão ontológica. Ao fim de mais de meio milênio, essa ciência foi apropriada pela cristandade. Esse processo teve seu marco ainda no Império, com os dois movimentos acima citados (a associação ao Império, como religião oficial, e o ativo diálogo que realizara com os herdeiros do platonismo). Esse longo período consagrou o deslocamento da fundamentação metafísica do direito, emprestando outra significação à natureza, à origem, à fundação. Sobre outros signos, a ontologia é mantida intacta.

No ambiente de um processo mais amplo de retorno à cultura antiga, a partir do Séc XI,[89] a aproximação da Europa Ocidental com o direito romano clássico fez mais que desvelar a riqueza técnica da jurisprudência prática romana. Ela alcançou elementos mais complexos implicados naquela cultura, notadamente a cosmovisão que envolve o fazer normativo da época clássica do direito romano, o que foi facilitado pela integridade da sistematização de Justiniano e ainda por um contexto de reencontro com os próceres do pensamento filosófico grego.[90]

---

[89] Passamos ao lado das razões históricas da redescoberta do mundo antigo que incluem a reorientação ao direito romano clássico, opção que, consideramos, dá maior agilidade ao desenvolvimento de nosso argumento, evitando um link a um objeto que exige desdobramentos próprios, conduzindo os leitores a problemas que fogem a nossa temática central.

[90] Nesse contexto, ganha destaque a autonomia das cidades, uma sólida organização jurídica em seu torno e a emergência de um pensamento próprio é demandada. O caso da Escola de Bolonha, fundada por decisão da comunidade, é um exemplo dessa demanda. O fundamento de uma ciência do direito a

Três características dessa redescoberta – que estão obviamente imbricadas e que têm sua gênese ao longo da Alta Idade Média – nos são apropriadas. Primeiro, a redescoberta do direito romano clássico foi subordinada à visão especular do medievo (que tem como característica, no âmbito do direito, uma formação técnica com ênfase na dogmática e na exegética).

A natureza de um contexto de retorno a uma época histórica impõe limites à vivência, uma re-vivência, onde a virtude da razão depende da interpretação, como requisito para alcançar o espírito do tempo. Nesse ambiente, compreende-se que a redescoberta contamina o tempo ido com elementos de sua própria temporalidade, matizando a si mesma com um novo elemento, imaginário, preexistente, inexistente e efetivamente presente.

A reorientação do fundamento do direito ao Sagrado, apoiado na Escritura e de acordo com o ensino tradicional, concorreu ao aprofundamento de uma cultura jurídica dogmática, na qual a centralidade do texto alcança um valor maior, além do sentido referencial. O texto atinge um status de substância, uma significância de verdade, dada a natureza divina que se lhe atribui. Sob esse aspecto, a retomada do direito romano clássico contrapõe a erudição da técnica e dos escritos jurisprudenciais ao fundamento cristão, mas não à postura dogmática. Esta é adaptável (mantida a centralidade do texto: o *Corpus Juris Civilis* no lugar da Sagrada Escritura, dada a revalorização da razão, de que é tecida a criação jurídica romana); equiparado à razão, o *corpus juris civilis* – *ratio scripta* – ocupou o lugar antes reservado à Escritura na emergente ciência do direito.

A consideração da dogmática não incorre num juízo negativo. Ressalva essa importante qualidade da relação transtemporal, e induz, antes de tudo, que a retomada nada retoma em sua inteireza os aspectos vivos de uma cultura. Mas reorganiza o olhar mesmo, reorganizando-se a si mesma nesse ato. E, dos aspectos da reorganização do si mesma que verificamos nesse olhar, destacamos o enriquecimento da técnica, a retomada do direito como ciência e, novamente, o ressurgimento de uma fundamentação racional do direito.

A subordinação da retomada do direito romano clássico a um modelo de interpretação – com destaque à exegese – é a segunda característica que trazemos ao nosso argumento. Esse fato implicou

---

partir de Bolonha, o *studium civile*, é um exemplo de que a relação direta com a experiência do direito romano e os textos da antiguidade, sem a intermediação direta da Igreja, abriria de horizontes ao conhecimento humano. No próprio espaço da Igreja, esse novo contato com a antiguidade teria repercussões com a redescoberta de Aristóteles. Nesse sentido, a retomada do direito romano clássico trouxe à tona uma sofisticada técnica, com modelos normativos e um sistema racionalmente fundado, oferecendo um paradigma de um direito fundado na razão humana.

uma diferença própria da relação transtemporal aqui refletida, demarcando a distância entre a pragmática hermenêutica do classicismo jurídico romano (afeita a uma racionalidade livre, que vislumbra seu objeto na determinação de uma razão pertencente à natureza, de onde resulta a criação normativa) e a pragmática hermenêutica do "retorno", que vislumbra seu objeto em uma razão já determinada, escrita, positivada, de onde a relevância da interpretação.

A cultura jurídica, no meio milênio que se seguiu à derrocada do império romano, esteve vinculada ao texto, centrada na interpretação, tanto das compilações de direito vulgar, quanto da Escritura. Essa subordinação ao texto, quer seja a Escritura ou as recolhas de direito romano, especialmente o próprio *Corpus,* conota uma atitude com a norma, que lhe reconhece uma *validade intemporal*, nossa terceira característica.

As duas últimas características desenham uma relação contemplativa com o direito nesse período. Denotam uma influência intelectual que tem suas raízes fundadas no diálogo com o neoplatonismo, nos primeiros séculos de nossa era. Constructa da ciência, a norma jurídica é mais precisa quanto mais elevada a racionalidade no sentido do conhecimento. Complexa, a norma é abstração e positividade. Positiva, é natural em seu conteúdo concreto e forma material. Como objeto determinado, a norma é a pura idéia. Na significação cristã, essa mais pura essência adquire o Nome. É essa vinculação que confere legitimidade ultratemporal ao direito e até hoje contamina o fundamento de um projeto de universalidade. O que confere legitimidade à norma jurídica é sua natureza.

A segunda versão ganha espaços a partir do Século XI, com a redescoberta do pensamento antigo no contexto do surgimento das cidades autônomas, prósperas, de estatutos municipais independentes e o início da formação de uma ciência jurídica profana, dentre outros fatores. Essa formação inicial de uma ciência jurídica não cristã, com a recomposição de seu fundamento essencialmente humanista, racional, tem o alcance de uma cisão no fundamento do direito cristão.

Trata-se de um movimento de distanciamento, não em relação ao sagrado, não em relação à metafísica, mas de separação de uma metafísica teológica enquanto fundamento direto, objetivo, de uma ciência determinada. Essa perspectiva de um desenvolvimento lógico levaria esse movimento a conquistar adeptos no seio do clero, de que são exemplos Guilherme de Occam e Marsílio de Pádua. Nesse sentido, tem uma direção precisamente metodológica, que pretende liberar essa ciência de um fundamento que a aprisiona: "a especialidade do jusracionalismo moderno não reside tanto na secularização como na emancipação metodológica em relação à teologia moral e à sua promoção de uma ética social profana e autônoma".[91]

O distanciamento, no sentido da racionalidade, é realizado nos tênues limites entre o contingente e o necessário: eis que a criação jurídica clássica se opera no referencial da natureza. Tendo em vista o "retorno" do qual tratamos, o clássico oferece os instrumentos e se apresenta como modelo ao humanismo. O humanismo, assim, se opõe à fundamentação teológica do fato da sociedade e do direito, ou seja: independente do ato da Criação Divina, a sociedade e o direito são imanentes, e neles mesmos devemos procurar suas justificativas e compreender sua ordem e natureza.

Mas permanece no âmbito do necessário

Aproximamo-nos de mais um pressuposto de nossa tese. A formação moderna – que formata nosso direito – recebe integralmente a tradição jus natural. Essa versão empresta novo sentido à racionalidade e ao sujeito. O sujeito, na realidade, tem nessa inversão a abertura para a plenitude. É reconhecido em sua vontade interior, e em potência para defini-la como norma. Desembaraçada da demonstração da conciliação com a fé, a razão se viu diante de novos objetos, abertura na qual irrompe o direito natural racional. Reconhecida como titular da criação normativa, a razão sustenta o convencionalismo. Nesse momento, prévio à emergência do direito racional, essa fenda não teria desdobramento.

— IV —

Não é um fato de menor importância à problemática do direito contemporâneo, uma vez que esse é o momento da definição do paradigma, o qual discutiremos em capítulo próprio. Por ora, o recurso à identificação desse diálogo pretende ressaltar o pressuposto do presente trabalho, de que, não obstante a criação moderna, o direito não se desvencilhou de sua herança, mantendo importantes informações genéticas, tanto de sua jurisprudência prática, quanto no fundamento autônomo para esse sistema, fato que possui um valor para consideração a respeito da crise do direito.

Destarte, tendo em vista que o próprio jusracionalismo (que edificou os pilares de nosso pensamento jurídico) constitui um momento da longa tradição do direito natural, deve-se observar a

---

[91] WIEACKER, F. *História do direito privado moderno*. 2. ed. Lisboa: Fundação Calouste Gulbenkian, 1980, p. 299.

inconfortável conclusão de que o direito natural está na matriz do pensamento jurídico contemporâneo.

As razões em questão, no atual momento de esgotamento teórico do modelo predominante, são bem anteriores às circunstancias atuais, vão mesmo além da associação à crise do paradigma da ciência moderna – da qual o pensamento jurídico é subsidiário.[92] O modelo teórico predominante é revelador dos traços de uma pré-modernidade, que se fez legítima, mesmo que renegada, no pensamento contemporâneo.[93] Exorcizar essas marcas, entretanto, não nos parece como solução adequada a nossos problemas, antes desvela uma atitude desastrosa, que vê o mal-estar naquilo que nos é constituinte.

O desenvolvimento esquemático da relação entre a fortuna do pensamento filosófico e o direito como problema, como vimos, pode nos mostrar a associação do direito ao destino da filosofia,[94] e ainda, que a sua maior propulsão deveu-se a três importantes movimentos na história do pensamento: na antiguidade, ao afastamento do sagrado e da fundamentação divina na divina invenção humana (que foi o pensamento filosófico) e à extraordinária riqueza representada pela filosofia prática (que foi a jurisprudência romana); e, já na virada ao moderno, a um novo distanciamento da justificação deífica: a separação da filosofia social em relação à filosofia moral e a introdução de uma postura metodológica para a ciência positiva.

O efeito do vínculo direito-tradição filosófica (se pudéssemos nos referir a vínculo, quando tratamos de elementos que se copertencem) não pode ser abrandado. Esse gravame do direito tem um valor imensurável: fornece respostas aos sistemas históricos de jurisprudência; e indica a potência do espírito nas conformações jurídicas, em especial de seus pressupostos, mesmo aqueles irrefletidos. Os movimentos de deslocamento do sistema normativo em relação a uma justificativa – a própria história do direito natural – tiveram em comum o enfrentamento dos problemas do fundamento e da justificação das formas sociais (questões enfrentadas pelo direito a partir

---

[92] De onde a comunicação com o pós-positivismo, embaraçando diversas perspectivas teóricas posteriores

[93] Como procuramos demonstrar no Capitulo III, o paradigma da ciência que estrutura o pensamento jurídico moderno, não obstante a inovação que representa, assenta-se sobre traços críticos da tradição filosófica.

[94] Os limites de nosso trabalho nos impõem obrigações de cortar até a carne o desenvolvimento de alguns fundamentos de nossa reflexão. Nosso esforço para uma aproximação radical dos problemas do direito como problemas da filosofia se apóia, nessa área da tese, no livro I da Metafísica, que visualiza o pensamento grego até a síntese aristotélica, a qual é recebida pelo período helenístico e pelos próprios pensadores romanos.

AUTONOMIA E NORMA JURÍDICA

da tradição do pensamento filosófico). O direito está no centro de um e de outro, dos problemas e das respostas apresentadas. Compõe, ele próprio, um elemento dessa tradição.

A história do direito (de sua diferenciação, da ampliação de sua complexidade) está ligada ao resgate, pela humanidade, do problema teórico da justificação do direito; constitui o retrato dessa razão: sua face é desenhada pelas linhas mestras dos sistemas filosóficos que constituem a herança judaico-cristã-ocidental. Nenhum deslocamento do direito de um fundamento divino implicou definitiva superação do direito natural.[95] Nesta sentença, estão incluídos os deslocamentos mais sensíveis, como o Direito Romano (em todos os períodos de sua longa permanência) e o jusracionalismo, compreendidos enquanto momentos distintos da mesma tradição do direito natural. Mas, efetivamente, são constructos da diferença; estes dois marcos da história materializaram em sólido plano dois sistemas de jurisprudências práticas: o primeiro deles redundou no notável monumento da jurisprudência romana; já o segundo, o jusracionalismo, arquitetou os pilares do paradigma do direito moderno.

Factual é a constatação de que um sistema jurídico positivo ou uma jurisprudência prática efetivamente pôde conviver – e até hoje efetivamente convive – com uma espécie de "segundo sistema", um "sistema jurídico de suporte" ou ainda como um "sistema pressuposto", contrafactual. Factual também é observar que a evolução do direito como sistema normativo positivo, ou como jurisprudência prática, foi mais forte quanto maior o grau de afastamento em relação ao Sagrado, em função de uma razão secular. Essa constatação histórica, de que os sistemas jurídicos positivos são mais complexos quanto maior é, aparentemente, o grau de distanciamento em relação ao Sagrado, não tem como conseqüência – nem como pressuposto –, a superação dos preceitos ontológicos.

Tendo em vista a afirmação da razão humana, a superação de um sistema de direito natural ou de um sistema teológico implicou um enfrentamento objetivo da autoridade secular da Igreja, mas não exigiu a superação da precedência do Sagrado. Tampouco resulta de uma consciência metodológica,[96] no sentido de uma operação planejada visando a essa separação/distanciamento.

---

[95] Para efeito de nosso trabalho, não falamos de direito natural na qualidade de um sistema normativo autônomo, independente do direito positivo. Nos referimos ao direito natural como fundamento de um sistema normativo positivo.

[96] Se é correto afirmar que o direito moderno em certo sentido possui essa consciência metodológica, não se pode afirmar o mesmo do direito romano.

O fazer do empreendimento "sistema normativo positivo", para além de sua objetividade, trouxe consigo o problema dessa fundamentação "subsidiária", de onde o projeto de constituição de um sistema normativo autônomo, autofundado, o que se revela um projeto permanente da tradição jurídica. Em dois milênios de experiência jurídica (pelo menos até a época do jus racionalismo) esse esforço não resultou na superação do direito natural: a história do direito, até o direito natural racional, foi a história do direito natural.

3. O Estorvo da crítica

3.1. Introdução

Afirmar o predomínio do positivismo jurídico no século XX assemelha-se a um vício; mais de perto, a uma afirmação vaga. Passa a idéia de uma unidade inexistente do discurso da teoria jurídica e não ressalta o esforço do pensamento e da prática jurídicas para fugir às armadilhas de seus fundamentos. As afirmações paradigmáticas implicam certo reducionismo, como também seria simplificação afirmar que o século XX consignou o surgimento de um pensamento para além do positivismo.

O século XX assinalou algo além do positivismo, que se desenvolveu numa série de perspectivas que desenham um fundamento não-normativo do direito. Mas esse pensamento não foi hegemônico, predominando até o final o vigor do positivismo jurídico. Da mesma forma, o nosso tempo não possui o ineditismo dos seus fundamentos, os quais, em suas versões contemporâneas, não superam o normativismo cuja renúncia pretendem representar.

O vínculo do pensamento jurídico ao normativismo pode ser justificado por duas direções: porque o direito é ontologicamente normativo, essencialidade de onde uma teoria explicativa não pode se afastar; e também porque ela mesma, a teoria – o que inclui a teoria crítica – está contaminada pelo paradigma do pensamento moderno, na afirmação de Boaventura de Sousa Santos ou, em um maior alcance, não se desvencilhou da lógica ontologia do pensamento herdado, na expressão de Cornelius Castoriadis.

O positivismo jurídico é uma concepção atrativa e, pelas orientações ensaiadas, impõe-se como uma concepção adequada: porque em sua natureza o direito é, por excelência, com maior ou menor complexidade, positivo, sistêmico, orgânico; e ajusta-se a um modelo de conhecimento que, por sua vez, produz desse objeto um saber eficaz, que alcança o direito em sua regularidade e funcionalidade; e, por efetivo, este saber também é capaz de sustentar uma dimensão pragmática e orientar a prática da sociedade. O positivismo jurídico harmoniza-se à racionalidade cognitiva do paradigma do pensamento moderno.

A atração exercida por uma teoria adequada ao paradigma moderno concorre à adesão irrefletida ao positivismo, aos seus fundamentos filosóficos, o que constitui o senso comum teórico dos juristas. A expressão senso comum teórico positivista para o pensamento contemporâneo reconhece a permanência do positivismo jurídico, percebe-lhe a sobrevida onde é mais forte e menos evidente, nos fundamentos teóricos irrefletidos.

A crítica teórica vereda por um terreno delicado, uma vez que as razões do positivismo não são desprezíveis nem ingênuas e, acima de tudo, afirmam-se sobre a fascinante utopia de um saber total; ainda que consideremos os pontos fracos do positivismo, não lhe poderemos negar certa coerência, pois, se é evidente que as idéias de ordem, de regularidade, de norma, dentre outras, não são suficientes para uma explicação exaustiva do direito, não é menos fático que estas sejam características exaustivas e recorrentes do direito, incorrendo a crítica a dupla possibilidade: de negá-las, afirmando um modelo explicativo deficitário; ou incorrer na recorrência da sobrevaloração desses elementos.

Por outro lado, se é correto o uso da expressão senso comum teórico positivista para o pensamento jurídico contemporâneo, não é menos justo reconhecer o esforço desse pensamento para fugir às suas armadilhas, de forma que a crítica trilha um caminho estreito e sinuoso, ladeado pelo perigo do desperdício da experiência crítica, quer mediante a negação do conteúdo de suas reflexões, quer ante a afirmação totalitária, definitiva, universal e finalmente acrítica destas mesmas reflexões.

A força das transformações sociais ocorridas no século XX tornou evidente um déficit do modelo teórico do positivismo jurídico. A impotência desta teoria ante o mundo é um problema, mas, a não ser que pensemos em concepções teóricas igualmente totais, e por isso mesmo não deficitárias, é um problema constitutivo do conhecimento. Não se deve dar a este déficit mais valor do que possui; à pretensão de saber total que a frustração pelo fato do déficit, ou mesmo a negação de toda evidência, patenteia, sim.

A crítica situa-se, assim, entre duas direções: por um lado, a crítica à face externa do positivismo, internamente ou não a este, que traz à luz suas faltas e aponta o caminho de um modelo alternativo, dentro dos mesmos paradigmas da modernidade. Nessa orientação estão incluídas as ambições substitutivas de teorias igualmente totais e a pretensão de justificação racional do direito. Do nosso ponto de vista, autores que se ocupam da temática positivista, como H. L. Hart, abrem uma "brecha" no discurso positivista quando remetem a fundamentação do direito a dimensões inexplicáveis no direito, como a regra de reconhecimento.

Como suporte de sua idéia de "regras de reconhecimento", Hart discute os aspectos "internos" e "externos" do direito; ao destacar esse "aspecto interno", realça uma dimensão real, efetiva, do direito que terá um destacado papel como fundamento da validade da norma. Isso implica num corte com a ênfase positivista ao aspecto externo, à previsibilidade de que as pessoas conformem-se à norma e também com a justificação heterônoma, de um direito que se apóia no Outro, o Soberano.

Hart está preocupado em responder à questão do caráter vinculante da norma, ou ao que faz da norma norma, no sentido de sua efetividade reguladora de comportamento. O recurso ao "aspecto interno" é uma saída à idéia simples do que denomina regras baseadas em ameaça. É nesse aspecto interno que se apóia para, ao falar das regras de reconhecimento, destacar a necessidade de sua aceitabilidade.

Para ele, a regra de reconhecimento não é necessariamente uma *regra legal*, no sentido tradicional da regra, que se apóia na autoridade do Soberano. É neste sentido que reclama a distinção entre a subordinação (própria da ordenação de critérios de identificação de direitos) e a *derivação*. Segundo ele, se o costume e o precedente, no caso inglês, estão subordinados à legislação, não é porque derivam desta, mas porque têm o seu estatuto jurídico assegurado devido "à aceitação de uma regra de reconhecimento que lhes concede um tal lugar independente, embora subordinado".[97]

A regra de reconhecimento refere-se a essa noção complexa, mas vaga e imprecisa, de "aceitação", que inclui e pressupõe o "aspecto interno" da obrigação, o que na maior parte das vezes está *pressuposta*, o que é fundamental para a compreensão de seu conceito de validade jurídica.

Hart enfrenta com originalidade a questão filosófica da natureza e do fundamento do sistema jurídico, pesquisa que o leva ao limite do próprio positivismo. A regra de reconhecimento é, assim, uma generosa abertura do positivismo jurídico para compreender a dimensão interna no processo de definição/criação do direito.

---

[97] Hart. H. L. A. *O conceito de direito*. Lisboa: Fundação Calouste Goubenkian, 1986, p. 112

É inevitável reafirmar que as pretensões pós-positivistas, para além da afirmação ou contradita do sucesso de sua vindícia, trazem à temática jurídica questões há muito abandonadas pelo direito, pelo menos desde a retomada do direito romano de razão escrita como a escrita da razão. Nesse mesmo diapasão, consideramos que as perspectivas sistemáticas e a sua crítica racional deixam vivos problemas fundamentais do direito, dentre os quais o conhecimento de sua complexidade ontológica e a compreensão, no sentido da subjetividade, da historicidade que alcança a intervenção humana na direção do legítimo projeto humano da racionalidade.

Em uma senda ousada, a crítica aos fundamentos paradigmáticos deste pensamento suscita para si a incumbência da justificação não irracional da crítica a uma pretensão racional; bem como a tarefa de demonstrar a viabilidade de um saber real e efetivo, mas que se auto-reconhece provisório e fragmentário, em lugar da pretensão moderna de um saber total, mas igualmente real e efetivo.

Pretendemos explorar esta segunda perspectiva. A partir dela retomaremos o discurso jurídico, procurando identificar, além dos paradigmas da modernidade, outros conceitos paradigmáticos, que, ao lado da crítica contemporânea, permanecem inatacáveis em sua forma e conteúdo, como os conceitos de norma e de sujeito, em trabalho que será realizado com o contraponto do conceito de autonomia e de sujeito autônomo, a partir do aporte da leitura deste conceito por Cornelius Castoriadis. Na primeira tarefa, nos apoiaremos em Boaventura de Sousa Santos. Na segunda direção, buscamos apoio em vários pensadores que em suas construções argumentativas realizam sua reconstrução da teoria do direito. Por fim, tomamos como apoio o pensamento de Cornelius Castoriadis e seus conceitos de autonomia, de criação e de sujeito.

3.2. A arquitetura da crise

À guisa de introdução de sua crítica à razão indolente, Boaventura de Sousa Santos vale-se das teorias feministas sobre a diferença do valor da imagem existente entre o masculino e o feminino e a função do espelho na construção da imagem e da própria identidade, para as mulheres, para considerar a metáfora do espelho nas sociedades. O espelho da sociedade é o conjunto de suas instituições sociais. A sociedade faz um uso do espelho à maneira feminina, o que quer dizer que, em tese, recorreria às suas instituições em ato constitutivo de sua própria identidade; mas, ao invés de refletir um olhar que vê o que deseja, os espelhos da sociedade, enquanto processos sociais, tendem a adquirir vida própria e a velar no agir humano a sua própria reprodução, na expressão de autor, "de objeto de olhar passa a ser, ele próprio, olhar".[98] Uma inversão importante, que faz da sociedade um objeto de sua própria criação, um domínio de sua criatura, que a vigia por um olhar oculto e panótico e estabelece uma crise de reconhecimento, no duplo vetor, do "espelho" para a sociedade e da sociedade para o "espelho".

Nesse argumento, a metáfora do espelho desenha a força do paradigma na experiência do pensamento. O paradigma é um desses espelhos da sociedade que possuem autonomia em relação aos indivíduos; um processo social, que insinua seu governo pelo deslocamento numa auto-afirmação imagética e se realiza, como narciso, na própria imagem, refletida no pensamento que o confirma. E, como espelho da coletividade, em dupla característica: concreta, porque real, e abstrata, porque imaterial; nítido na sua visibilidade imaginária e imperceptível em sua realidade complexa. Instável e importante sustentáculo do olhar construtivo da auto-referência da coletividade; porque, quanto mais reflete a imagem e alimenta a auto-referência, mais parece se distanciar da "mera" função, para uma direção vigilante.

O limite desta inversão estabelece uma situação de "crise da consciência especular", na qual olhar e imagem não se correspondem. Nesta situação inusitada, o espelho, autonomizado – e perdido de si mesmo –, mostra-se incapaz de ver sua face e, como instrumento de auto-referência, incapaz de reconstituir a imagem de si-mesmo da sociedade. Esta embaraçosa circunstância que encerra a crise da consciência especular caracteriza um momento de transição paradigmática, cujo desdobramento é sempre imprevisível. Segundo o autor, o momento de transição paradigmática que vivenciamos tem como característica uma forma difusa, de difícil apreensão de seus contornos, pelo aspecto semi-invisível e semicego como as transições se apresentam. Essa semicegueira faz do destino da transição uma incógnita.

Para atender a um instante de passagem necessariamente crítico e aberto do paradigma moderno a um outro paradigma, de contornos e direção indefinida, Santos considera apropriado o uso da expressão "pós-moderno". Com o fim de alcançar a transição, volta a sua pesquisa ao projeto da modernidade, ao paradigma que o sustenta, destacando os seus fundamentos, trabalho que também

---

[98] SANTOS, Boaventura de Sousa. *Para um novo senso comum:* a ciência, o Direito e a política na transição paradigmática. 3 ed., São Paulo: Cortez, 2001, p. 48.

aponta o tipo de exclusão efetuada por nosso tempo. Nessa atividade, procura clarear a observação da natureza do turvamento do "espelho". Para o autor, o paradigma da modernidade está estruturado sob dois pilares: o pilar da regulação, formado pelos princípios do Estado, do mercado e da comunidade; e o pilar da emancipação, "constituído pelas três lógicas de racionalidade definidas por Weber, a racionalidade estético-expressiva das artes e da literatura, a racionalidade cognitivo-instrumental da ciência e da tecnologia e a racionalidade moral-prática da ética e do direito".[99]

A crise do paradigma da modernidade manifesta-se por via de um desenvolvimento desigual e assimétrico desses pilares e de seus princípios constituintes, resultando em excessiva preponderância de uns sobre os outros, em processo que Sousa Santos denomina de "colonização". Ou seja, no pilar da regulação, o predomínio do princípio do mercado sobre os princípios do Estado e da comunidade; no pilar da emancipação, a supremacia da racionalidade cognitivo-instrumental da ciência e da tecnologia sobre as racionalidades estético-expressivas das artes e da literatura e a moral-prática da ética e do direito; finalmente, a absorção do pilar da emancipação pelo pilar da regulação. Esse processo consagra a supremacia dos princípios do mercado e da racionalidade cognitivo-instrumental, articulação que adequa a instrumentalidade da racionalidade científica tecnológica aos finalismos do mercado.

O desenvolvimento desproporcional dos pilares e dos princípios constituintes do paradigma moderno implica excessos e déficits quanto às promessas da modernidade. Disparidades importantes que conformam uma situação inusitada, onde o que excede não é apenas sobra, mas se transfigura em extremo e alimenta, com equivalente intensidade, a privação e a carência, ao tempo que as esconde, por sob o poder de dissimulação de sua potência. A expansão da racionalidade cognitivo-instrumental e a do princípio do mercado impõem-se como argumentos de força perante à não menos evidente miséria material e intelectual da maior parte da humanidade, a ponto de interditar, de forma desvelada, a apreciação crítica dessa realidade. Os déficits e excessos são faces distintas da mesma conseqüência, do não-cumprimento das promessas da modernidade.

Este desequilíbrio entre os pilares da arquitetura do paradigma da modernidade, revelado no desnível de suas linhas/princípios, em oposição aos seus fundamentos/finalismos, consubstancia a tensão decisiva que configura os contornos externos de sua própria crise.

---

[99] No pilar regulação, o princípio do Estado tem em Hobbes sua principal referência, o do mercado em Locke e Adam Smith e o da emancipação, Rousseau. Ibid., p. 50.

O desenvolvimento desigual dos princípios, se não é a exata correspondência da utopia moderna, é próprio da construção real contemporânea: é o que fez a nossa época, para além das fantasias racionalistas. Ainda recorrendo à metáfora da arquitetura, verifica-se que esses pilares foram feitos do vivo material do pensamento humano ou, mais precisamente, tratando-se da instituição da modernidade, resultaram da secularização de um novo tipo de racionalidade, que colonizou, lenta e decisivamente, os principais domínios da vida, dentre os quais o direito, a racionalidade científica: a ciência e o direito são os materiais dos quais os pilares da construção moderna, desde o alicerce, se constituem.

Os dois elementos da utopia moderna se entrelaçam de uma forma especial: o discurso científico materializa o novo tipo de razão que se universaliza encobrindo seus fundamentos e submete o direito a uma lógica formal e tecnicista, resultando na redução da racionalidade do direito, por sob o discurso moderno de racionalidade. Rigorosamente, não são novos os materiais, mas a forma como o são na modernidade. Elemento da utopia moderna e da promessa de uma sociedade bem ordenada e esclarecida, o direito seria capaz de articular as vontades individuais e coletivas, de livre-arbítrio no âmbito do mercado e afirmando-se em plena racionalidade na esfera política, onde se encontrariam, na plenitude da razão, a esfera política, num sentido forte, o Estado e a esfera política da comunidade. Em outro nível, a ciência consubstancia o ideal de emancipação, que rearticula, numa dimensão antropocêntrica, a potência humana de uma religião da razão.

Ante a circunstância da absorção do pilar da emancipação pelo da regulação, presidido pelo desígnio do princípio do mercado, verifica-se a ciência e o direito entre as causas determinantes dessa realidade. Impõe-se a hipótese de que, sob a modernidade, o direito e a ciência não só deixam de ser efetivamente condição das promessas de regulação e emancipação, como foram transformados em instrumentos da impossibilidade da efetivação desse compromisso. Insta examinar esse paradoxo.

3.3. A ciência moderna na senda da tradição

A ciência é uma criação da modernidade, enquanto instituição de um modo de ser e de fazer, próprios de uma época, que por esse fazer se auto-institui como sociedade histórica. A reconstrução dos traços característicos da ciência moderna, tanto quanto a seguinte reconstrução do pensamento jurídico, toma como ponto de partida a inserção desta experiência do pensamento na história da filosofia. Nesta orientação, a modernidade constrói seus pilares a partir de pelo menos um material já dado e é sobre ele, e também com ele, que opera suas construções, que dá o sopro de vida a suas criações, que materializa suas novas instituições.

A instituição da modernidade implicou em uma revolução sem precedentes na história da humanidade. Entretanto, é mister verificar o jogo de inserções e cortes que o pensamento fundante das novas instituições realizou em relação à tradição filosófica. Por esse exercício poderemos ensaiar, além das rupturas, também continuidades entre modernidade e tradição e, algumas vezes, rupturas sob a forma de continuidades e continuidades como rupturas. Um ensaio que faz do exercício da crítica da modernidade uma postura que abrange a crítica da transição, mas que, acima de tudo, recupera sua força, impondo-se a ampliação do diálogo, para acentuar críticas e recuperar experiências excluídas com a afirmação onipotente da filosofia da ciência moderna.

O umbral do pensamento moderno registra um importante diálogo, não apenas com a escolástica, mas especialmente com a tradição do pensamento filosófico grego nela contida: em função da relação do pensamento cristão com a tradição helênica e da forte influência da cultura helênica no emergente cristianismo. Durante os dois primeiros séculos de nossa era, a cultura grega era referência para o Império Romano, que não apenas espiava os ritos religiosos, como também formava os magistrados em academias gregas. Até o imperador Constantino, eram comuns as práticas religiosas gregas no Império, bem como o funcionamento das academias e o ensino da lógica e da retórica. Só a partir de Constantino a religião e os estudos gregos foram proscritos. Ainda assim, deve-se registrar a sobrevida da cultura helênica sob o breve governo de Juliano, o apóstata. A emergência do cristianismo, portanto, deu-se na ambiência cultural do helenismo e não raras vezes a partir dos axiomas daquela sociedade.

Neste ambiente cultural, a emergência do cristianismo deixou-se contaminar pela reflexão filosófica grega. Filon de Alexandria é um exemplo dessa tentativa de compatibilizar estas tradições, aproximando as leituras de Timeu e da Gênesis. Em Timeu, Platão discute a mesma questão do primeiro dos Cinco livros sagrados: a criação. Como substrato, a temática da racionalidade do mundo natural e da ordem política enquanto microcosmos, em um diálogo possível com as cosmogonias anteriores.

Centrando a nossa reflexão sobre o criador, é possível entender a aproximação proposta. O Demiurgo, criador da realidade, tem como modelo o artífice, o artesão, que, curiosamente, tem um *status* inferior na polis. O Demiurgo cria o Universo e por esse ato denota sua virtude e sabedoria. Mas o universo, ainda no Timeu, possui um sentido dúbio, porque: o Demiurgo o vê como forma e modelo, e nesse sentido é paradigma; e também porque, por ação do Demiurgo, essa forma é impressa como ordem e racionalidade na realidade sensível, e nesse sentido o universo é igualmente matéria.

À medida que a criação resulta da impressão de um modelo de ordem e racionalidade ao mundo sensível, não é apenas o modelo que é exterior ao mundo, mas o próprio Demiurgo transcendente à natureza. Mais: se o paradigma se dá ao Demiurgo, de certa maneira pode-se pensar a transcendência do modelo mesmo, a autonomia do modelo, e, por que não, a auto-realização potencial do modelo. Temos, pois, a extensão da aporia ao Demiurgo, que, por transcendente, demonstra sua potência de mudança ante o mundo sensível, capaz de imprimir ordem ao caos, de ordená-lo, de trazer-lhe racionalidade. Mas, de toda sorte, preso, vinculado ao que vê, condicionado pelo preexistente, uma vez que a criação pressupõe um outro anterior que lhe é causa.

A leitura de Filon de Alexandria procura harmonizar o livro do Gênesis com a possibilidade encerrada nesta aporia. O Demiurgo – Deus – cria o Universo que se dá como paradigma. E o faz de uma forma ontologicamente autônoma, a partir do nada. Ele cria a forma, o modelo, o paradigma. A criação humana, esta sim, segue o modelo, é cópia, é sempre interior e imanente a Deus. Conhecemos o que criamos, mas não a natureza, que é criação divina.

O pensamento cristão não inaugura uma ontologia diversa da tradição socrática. Exemplo disso é que a escolástica, ao tentar aproximar fé e razão, permanece em consonância com o helenismo. Depois da redescoberta de Aristóteles no início do Século XII e após ser traduzido ao latim, a tradição filosófica encontra uma difusão no século seguinte a partir dos escritos de Santo Tomás de Aquino.

O formalismo aristotélico se revigora ao abrigo da escolástica e, sob a leitura tomista, as categorias do conhecimento em Aristóteles ganham novos significados e servem a novos propósitos. A distinção entre conhecimento do contingente e o conhecimento do necessário – o saber contemplativo – e de seus objetos (perpétuo, no caso do conhecimento contemplativo) permite a adequação entre o pensamento clássico e a tradição judaico-cristã a partir da nova consideração da natureza do objeto deste objeto. A separação posta por Aristóteles permanece na escolástica sob a forma de conhecimento das coisas divinas e das coisas mundanas e torna lícita, por exemplo, uma ciência sobre a *polis*.

Portanto, não obstante a crítica posterior à sistemática de Aristóteles, foi efetivamente esta que tornou possível o desenvolvimento de uma reflexão política relativamente independente com referência à religião. Na realidade, essa independência é mitigada tendo em vista o fato de que só é possível quando não reflete seu pressuposto essencial, de que sua natureza ontológica é uniforme a todas as coisas, enquanto criação divina.

Assim, o pensamento de Aristóteles exerce uma forte influência na filosofia política emergente, que se esboça na reflexão sobre o valor das experiências políticas romanas e no apoio aos modelos republicanos e monarquistas. O pensamento moderno dialoga com a tradição renovada, nesse âmbito, e mantém intacta a ontologia posta e pressuposta na idéia de conhecimento desta filosofia.

O argumento da crítica da razão indolente indica um sutil e decisivo movimento da ciência moderna em relação à leitura escolástica do processo de conhecimento na antiguidade. Os termos ciência e técnica têm, no pensamento antigo, significados distintos e podem ser traduzidos de forma diversa e às vezes em aparente conflito. Aristóteles considera pelo menos duas dimensões de conhecimento, conferindo sentidos diversos à técnica, à ciência e à teoria.

Em uma delas assenta uma dimensão cumulativa dos diferentes níveis de saber, desde a *sensação* e a retenção desta pela *memória*, comuns aos homens e aos animais, até a *empiria*, conhecimento prático, resultante da experiência. É no plano da experiência que se opera a percepção das regularidades e o estabelecimento de semelhanças e diferenças. Num plano diverso da sensação/memória/experiência está, numa acepção ampla, a *thécne*: o momento mais elevado do conhecimento, que alcança indistintamente – aqui – a *episteme*, a *theoria* e a *ciência*. Neste processo do conhecimento, mais que indicar uma quebra quanto à natureza dos saberes anteriores, a *téchne* representa uma elevação em relação aos mesmos, pela liberdade que efetiva em relação à experiência. Neste sentido, a *thécne* é um saber abstrato, livre, especulativo.

Aristóteles realiza ainda outra distinção. Diferencia entre o conhecimento do necessário e o conhecimento do contingente. O conhecimento do necessário é um saber de tipo contemplativo, intuitivo, onde se opera a apreensão dos primeiros princípios, se efetiva a ciência em seu caráter demonstrativo, e encontra-se a metafísica. No conhecimento do contingente encontram-se o saber prático, a práxis e o saber produtivo. Temos então: o conhecimento teórico, onde se encontra a ciência, que tem por resultado a verdade; e no plano do saber contingente, o conhecimento prático, âmbito da ética e da política, que produz a prudência; e o conhecimento produtivo, onde opera a *téchne* e a *poiesis*, e produz a excelência.

Rigorosamente, o conhecimento é reservado ao saber teórico. Mas são necessárias duas observações: considerando o processo do conhecimento proposto, sensação – memória – experiência – teoria, deve-se considerar que a distinção entre o conhecimento do necessário e o conhecimento do contingente é uma diferenciação estabelecida no interior desse último estágio, portanto, uma diferenciação que considera já em si a proximidade destes saberes. É correto dizer que estes são manifestações da elevação do espírito em relação à experiência. Mas o conhecimento do contingente é um saber ainda preso a um objeto imediato e perecível, enquanto o saber do necessário é um saber puro, desvinculado da imediaticidade, relativo a um objeto perene, de maior abstração que o conhecimento do contingente.

Da mesma forma, é justo supor que o reconhecimento dos saberes prático e produtivo como elevação do espírito – ainda que não pura, pois vinculada a um objeto perecível e imediato, portanto, um saber provisório por natureza – implica a proclamação da magnitude deste nível de saber. O senso comum, ambiência destes saberes, mostra-se em plena legitimidade como saber que se revela em sua eficácia e efetividade. Desta feita, a distinção de conhecimento ao nível teórico do saber pretende realçar a natureza abstrata deste e não subtrair dignidade doutros saberes.

Este itinerário em Aristóteles não acompanha a leitura de Platão, que não considera a mesma ordem cumulativa no processo do conhecimento e defronta-se com oposições mais definidas entre o conhecimento contemplativo e o conhecimento decorrente da experiência. Em ambos pensadores, entretanto, confirma-se uma concepção presente na antiguidade que claramente sublima o saber contemplativo em relação aos conhecimentos prático e produtivo. O fundamento desta atitude é a ontologia nela pressuposta, a concepção de uma natureza essencial, eterna, perfeita, pura, universal, verdadeira, cuja aproximação humana demanda como condição *sine qua* o desprendimento do espírito até estágios desenvolvidos da alma.

A sublimação do saber contemplativo possui um fundamento ontológico, pois este saber alcança a natureza em sua grandeza e perfeição. Por isso, ele encerra o maior grau de abstração dentre todas as formas de saber. É um saber que se desprende de todo particularismo e alcança a universalidade, pois vinga contra um objeto não perecível, não contingente, estável, cuja realidade subsiste independentemente de todo o saber.

Esta estratificação, finalmente, evidencia também a estratificação da realidade, uma estrutura disjuntiva do ser; considera dois tipos de objetos, um perecível, imediato, e um eterno, essencial; os de primeiro tipo, tanto quanto o saber sobre eles, dependem dos homens em sua realidade; já a realidade relativa ao objeto essencial, verdadeira realidade, é independente dos homens. O conhecimento é um médium de acesso a esse mundo. Nesse sentido, à medida que se aproxima do cosmos, é um conhecimento essencial que se firma sobre o tempo. Livre da imediaticidade, de objetivos precisos e definidos, pragmáticos, é um saber virtuoso, supremo, que pressupõe uma elevação do espírito e em sua transcendência atinge a perfeição moral, conquista a perfeição estética e realiza a felicidade humana, em uma dimensão ética.

Este "esquema" encerra conflitos importantes. É possível observar tanto uma separação quanto uma não separação entre o homem e a natureza, o que implica em conseqüências diferenciadas em relação ao papel do processo do conhecimento. Considerando a dimensão contemplativa do saber, supomos que o processo do conhecimento conduz os homens a um estado de pureza, de encontro consigo mesmo, uma realização de si-mesmo na autocompreensão no cosmos. Mais uma vez, justifica-se o caráter sublime do saber contemplativo, responsável pelo mais alto grau de desenvolvimento do espírito humano. Só neste estado de consciência, o homem se realiza inteiramente como natureza.

O saber contemplativo convive com outras formas de conhecimentos, que dizem respeito à ação e à produção. Aristóteles os denomina de saber prático e de saber técnico; o primeiro visa à ação, à deliberação e se exerce no domínio da ética e da política; o segundo visa à *poiesis*, à produção, e se exerce no domínio da técnica. Estes saberes demandam a experiência e estão no âmbito do senso comum – que não só representa um tipo de conhecimento, mas igualmente, no *organom* de Aristóteles, é considerado na ambiência do conhecimento. Saber prático e técnico são construídos a partir de suas finalidades, têm como fundamento a causa final, seus objetos possuem natureza perecível, instável e pressupõem a realização de um certo objetivo. O exercício destes tipos de saberes não pressupõe a autorealização do homem na natureza, mas uma separação, com a ação decisiva do homem na produção do resultado, tanto um resultado de um saber não preexistente, quanto de um objeto contingente e um saber sobre este, igualmente contingente.

A questão da verdade surge de forma diferenciada nestas duas vias. Em um sentido, o conhecimento é sempre verdadeiro, mas a verdade, como o saber, possui estatutos diferentes: a verdade que se encerra na essência a que se alcança pela razão é a verdade do contingente, que depende da experiência. Como vimos, em Aristóteles não se estabelece uma contradição definitiva entre experiência e *theoria*, de forma que, no sentido acima definido, se pode atribuir a ambas o mesmo estatuto de saber. Em uma outra direção, o conhecimento é o modo de acesso à verdade, mas só o saber contemplativo nos conduz às verdades eternas.

Num desenho estrutural, pode-se afirmar que a modernidade subtrai a supremacia do saber contemplativo em favor do conhecimento prático. Mas, numa análise mais delicada, verifica-se que esta mudança mantém intactos importantes fundamentos da tradição filosófica antiga, dentre os quais a possibilidade do conhecimento da natureza e a sua fundamentação metafísica, estabelecendo como resultado uma certa aproximação entre os dois tipos de saberes considerados no pensamento antigo.

A ciência moderna resulta de um diálogo direto com a tradição do pensamento antigo presente na escolástica, não propriamente com a tradição platônica cristã. Além do pensamento aristotélico, na leitura escolástica, Danilo Marcondes registra como ingrediente deste debate, e das suas soluções, a retomada do ceticismo antigo e do "ataque cético à possibilidade do conhecimento do mundo natural, bem como a uma metafísica concebida nos moldes científicos".[100] A recuperação deste debate nos auxilia no propósito de discernir o alcance filosófico da ruptura da ciência moderna com a tradição.

Marcondes enumera três soluções apresentadas, observando também que as mesmas encerram possibilidades intermediárias efetivas, as soluções fideísta, empirista e racionalista. Concentrando-se sobre as duas últimas correntes, observa que o empirismo rechaça o método dedutivo, em razão do caráter arbitrário de seus pressupostos. O ponto de partida das regras dedutivas é metafísico, como o é o fundamento do processo de conhecimento de Aristóteles, que tem como modelo ideal o saber contemplativo. Em contrapartida a este fundamento, na defesa da possibilidade do conhecimento científico, a solução empirista é intermediária. Recorre à experiência – mas

---

[100] Marcondes, Danilo. O argumento do conhecimento do criador e o ceticismo moderno. In: *Figuras do racionalismo*. ANPOFS/CNPQ, 1999.

reconhece a sua limitação para um conhecimento pleno –, e a associa à intuição – no pensamento antigo, a *noiesis,* que proporciona a apreensão dos primeiros princípios. Não obstante à limitação, uma vez associada às regras indutivas, a experiência encerra uma possibilidade de um conhecimento progressivo da natureza.

Esse itinerário inclui, não exclui em potência a verificação do erro e a conseqüente reconsideração do ponto de partida, no que se inverte o método, a forma e a lógica do conhecimento recebida pela escolástica. Nessa direção, verifica-se, portanto, a crítica que se revela na proposição de um saber ativo e no novo conceito de experiência respectivo a este saber. Mas não se exclui a reconciliação subentendida na progressividade do conhecimento da natureza.

A solução racionalista é manifestadamente metafísica. Estabelece um contraponto direto ao ataque cético e pretende justificar a possibilidade do conhecimento e especialmente do conteúdo de verdade desse conhecimento. A questão não é propriamente a adequação formal às premissas, de acordo com o silogismo, mas exatamente a verdade das premissas. A lógica presente no silogismo estabelece um conhecimento efetivo, mas formal e não raras vezes falso, como o foi a explicação do movimento dos corpos. O silogismo é outra vez o alvo do método. Agora com nuances diferentes em relação ao empirismo. O racionalismo estabelece com clareza os pressupostos da existência da verdade e a da sua apreensão pelo conhecimento, resultado final vinculado, entretanto, ao método.

No método, duas questões, pelo menos, podem ser apontadas como paradigmáticas do moderno pensamento ocidental: o recurso à matematização e a conseqüente redução do objeto à idéia, e a universalização do método, aplicável a todo e qualquer tipo de objeto, seja físico ou mesmo da alma.

Apesar de opostos, empirismo e racionalismo partilham pressupostos comuns em relação aos princípios aristotélicos presentes na escolástica, como a idéia presente no saber contemplativo, de que o verdadeiro conhecimento é exterior à experiência humana. Mas ambas soluções partilham com a tradição o recurso à intuição como acesso à essência, desfrutando igualmente da herança ontológica presente nesse expediente.

Uma e outra soluções teóricas da fundamentação da possibilidade do conhecimento científico do mundo natural que estruturam a ciência moderna, o empirismo e o racionalismo, dialogam diretamente com a tradição filosófica. Quando privilegiam o âmbito do saber ativo, do conhecimento prático, não abandonam a idéia de um conhecimento verdadeiro, não contingente, essencial, a que, na lógica antiga, só poderíamos chegar pela via do saber contemplativo. O tipo de conhecimento que daí deriva, a ciência moderna, é um saber prático dotado de fundamentação metafísica.

As duas correntes que concorrem a este resultado, o empirismo e o racionalismo, dialogam. Na realidade, a ênfase no saber técnico pressupõe pelo menos duas graves inflexões em relação ao pensamento antigo: a possibilidade de que, para além da contingência, o saber técnico possa conduzir ao conhecimento da verdade essencial e o papel do método no itinerário da verdade. A função do método na ciência moderna (comparada ao saber prático, no qual o conhecimento constrói a verdade contingente) se aproxima daquela exercida pelo saber contemplativo, uma vez que o saber que se acessa pelo método corresponderia a uma verdade não-contingente.

No que se refere à idéia da separação entre o homem e a natureza, a ênfase em um saber de natureza experimental resolve a aporia presente no pensamento antigo, mediante a afirmação do pressuposto da separação. O giro moderno partilha com o antigo saber prático o pressuposto da separação entre o homem e a natureza. Da mesma maneira, o recurso ao método como forma de acesso ao saber reorganiza o conceito antigo de experiência.

Como vimos, em Aristóteles a experiência é refletida em duas direções, como uma fase no processo do conhecimento ou como um nível de menor abstração de um saber sobre o contingente. Nas duas formas, a experiência compreende o conhecimento do senso comum. O saber não é perfeito, em razão da natureza de seu objeto, mas, considerando este objeto, pode em tese ser um saber da totalidade de sua contingência, que encerra a verdade sobre o mesmo. Esse sentido lato de experiência perde valor para a ciência moderna; a experiência aproxima-se da condição de recurso do método de verificação da verdade da proposição e é reduzida assim em um sentido instrumental.

3.4. A crise da ciência a partir da ciência

Os fundamentos da ciência moderna estão formatados pela ontologia herdada. A promessa de esclarecimento lançada pela modernidade denota a potência do sujeito que ela erigiu. A utopia de um saber total só é uma inovação absoluta enquanto um programa, um projeto político, uma utopia coletiva. Enquanto reflexão fundamental tem seu lugar originário na indagação da filosofia, de certa maneira, como o faz pensar Aristóteles, desde os fisicalistas.

O que infla essa promessa é o reconhecimento do sujeito como potência que coloca o homem frente a sua própria face. O sujeito contemporâneo não está apenas diante do cosmos, ele o ultrapassou em um sentido forte, ele está diante de sua própria força, capaz de reorganizá-lo e, inclusive, de desestruturá-lo. Mas, como Zeus ante a lágrima de Amateia, sem sequer saber que sentido dar a seu triunfo.

Há um *plus* que impulsiona esse sonho, que o transforma seguidamente em pesadelo e que nos leva a situações, por analogia, patológicas. De nosso itinerário, nossa reflexão no capítulo primeiro nos conduz a um movimento que dá estrutura ao pensamento, que construiu uma ontologia supressora de incertezas em torno do ser.

O cosmos admite o vir-a-ser e o perecer, é a realidade mesma do evanescente. Mas essa realidade é também aquela que se deixa perceber desde os primeiros movimentos na seqüência proposta por Aristóteles, pelo homem em seu desejo de saber, mediante o processo que compreende a sensação – memória – experiência – teoria. A teoria, na sua forma mais pura, é um caminho possível à substância do que se nos apresente fugaz. E não poderia ser diferente, ante a robustez desse pensamento.

Tanto a partir de Aristóteles quanto a partir de Platão, é consistente conclusão identificar que o conhecimento mais elevado implica a percepção da realidade essencial, uma ciência pura, livre de toda a utilidade, refere-se Aristóteles, o conhecimento do necessário, ou o contemplativo, numa linguagem que os aproxima. De Aristóteles, como já ensaiamos no presente capítulo, temos maior espaço e reconhecimento da importância da dimensão técnica. Um vigoroso fundamento que empresta apoio à nossa ciência. Fundamento esse que não só não elide o essencial, como demanda novos questionamentos, novas aproximações.

Mas demanda inflexões e cortes, como o fez a modernidade, do que se aproveita nosso tempo, no sentido de apartar os tipos de saberes que em Aristóteles eram fases de um processo, não estratos, nem necessariamente fragmentados e/ou opostos. Mantendo o seu núcleo incontestе, da possibilidade efetiva do conhecimento do essencial, a modernidade ressignificou as fases desse processo e revalorizou o conhecimento. O conhecimento representado pela filosofia[101] perdeu o estatuto científico e o conhecimento científico ganhou valor em sua função como instrumento de saber da natureza. Nesse sentido, nos apoiamos em Castoriadis: "sem dúvida nenhuma, e isso foi explicitamente formulado bem no começo da era científica moderna, o imenso trabalho realizado há séculos foi também motivado pela idéia de que o homem poderia assim tornar-se senhor e possuidor da natureza".[102]

Esse domínio, e a disjunção que o pressupõe, são o fantasma que alimenta o imaginário da ciência moderna. E o que dá a segurança e certeza desse saber é a sua efetividade. O senso comum em torno da ciência moderna pode se formar, assim, não apenas sobre o seu fantasma, mas, literalmente, se afirmar na sua afirmação.[103]

Essa efetividade não pode ser posta em questão. Se tomarmos nossa reflexão acima, não se trata de um ato estranho. Nem tampouco pode apoiar a certeza da ciência, ou de que sua efetividade confirme no horizonte a certeza que alimenta a utopia. Afinal, na perspectiva traçada por Aristóteles, mesmo sem alcançar o nível contemplativo (a essencialidade), a ciência comporta desenvolvimento sem a resolução da questão da verdade, e mesmo sem tender para ela. Podemos concluir com Castoriadis, mais uma vez, que a efetividade[104] da ciência não elide a sua incerteza: "a ciência comporta a incerteza em seu centro",[105] ao que acrescentamos, mas a elimina em sua crença.

A modernidade trouxe a verdade para o discurso científico e essa é uma questão que não pertence à ciência. O processo dessa afirmação, que tece o nosso paradigma, que constitui nossa diferença, mais uma vez, está implicado na tradição. Mediante essa aproxima-

---

[101] Não temos condições de desenvolver aqui essa idéia, mas não podemos deixar de considerar o esforço do pensamento em direção ao afastamento da metafísica teológica como condição de seu próprio desenvolvimento. No primeiro capítulo, trabalhamos essa idéia para afirmar que o tipo de enfrentamento realizado pelo jusnaturalismo não tomou o sentido da superação da metafísica, tese de larga aceitação, mas de um esquecimento absoluto quando se atenta ao fato de que esse foi um movimento constituinte do direito contemporâneo. Assim, podemos dar maior sentido pragmático aos manuais difundidos com a função antieducativa, que, sem sequer alcançar a mesma elaboração do positivismo científico, "ensinavam" os tipos de conhecimento, conhecimento vulgar, conhecimento científico, conhecimento filosófico, não afirmando, mas deixando subentendido que o primeiro e o último para nada se prestavam, a não ser confundir os desafortunados alunos, é claro.

[102] Castoriadis, C. *Ciência moderna e interrogação filosófica*. In: *Encruzilhadas do labirinto 1*. Rio de Janeiro: Paz e Terra, 1987, p. 158.

[103] Na imagem usada por Michel Löwy, escapando do pântano segurando-se a si mesmo pelos cabelos.

[104] Referindo-se a essa efetividade, escreve Castoriadis: "notemos com Kuln que uma teoria científica sempre se adapta aos fatos apenas " mais ou menos". O "menos"(...) toda a história da ciência está ai para mostrá-lo. Mas é sobre o "mais"que precisamos refletir: sempre existe uma classe de fatos dos quais a teoria consegue dar conta". Ibid., p. 182.

[105] Ibid., p. 163.

ção, julgamos lícito o cotejo que propomos entre os pensadores aqui refletidos.

A disjunção entre o sujeito e a natureza é um exemplo. Ela implica a idéia que alcança as vertentes da ciência moderna as quais acima nos referimos. Quer por via do empirismo, ou do racionalismo, para Castoriadis, nosso tempo se afirma sobre o mesmo projeto de um saber absoluto e da hipótese da reflexividade pura, quer como ponto de partida, no caso da hipótese racionalista, quer como ponto de chegada.

O sujeito, mediante a disjunção, é e não é natureza. Não se o subtrai definitivamente, mas, como potência, é deslocado. A ontologia oferece, todavia, a hipótese de redenção. Porque o ser não é só acessível. O ser comporta em sua essência toda a beleza, toda a justiça, todo o bem. E sua acessibilidade, nesse sentido, tem o poder de libertação. A idéia de que o ser é bom já estava presente em Sócrates, que pensa o próprio saber como virtude.

Não foi o pensamento que organizou o cosmos. O grande esforço do pensamento se deu no sentido de evitar o salto no indeteminado e compreender o determinado, respondendo o enigma do universo mediante o refúgio na teologia. A ontologia não organizou o cosmos. O cosmos é mesmo essa realidade organizada. Mas é mais.

A grande questão do pensamento herdado – e presente – não está em pensar a natureza e supô-la orgânica; mas em creditar a ela uma ordem segundo os princípios da causalidade, da identidade, segundo as regras da substância. Segundo essas regras, de acordo com Castoriadis, elide-se, verdadeiramente, a questão do ser, porque, para pensamento herdado, ser é ser determinado. Ser é repetição.

Esse é o nó da ciência. Por duas direções, porque é esse o sonho que a alimenta, e é essa a incongruência que se vê obrigada a perceber a partir de si mesma, a partir de seus próprios resultados.

3.5. Nota sobre o sujeito moderno

O pensamento moderno consagra o indivíduo, livre dos fortes laços comunitários próprios dos pensamentos antigos e das práticas típicas das comunidades medievais, mas lhe subtrai potência na razão direta da irrealidade dessa abstração. Como resultado, concebe um sujeito tão potente quanto debilitado, capaz de criar um outro mundo pela técnica, mas aparentemente inabilitado para lidar com a contingência dessa criação.

O sujeito moderno é uma abstração, que requer como pressuposto a separação do objeto como recurso possível do exercício do domínio da coisa. Esta idéia, que encerra a forte imagem de supremacia do indivíduo, consagrado como sujeito, revela-se frágil em múltipla face. Afastado do mundo, o sujeito é a este devolvido como um mito, como algo que não é propriamente realidade, mas que se faz forte pelo encantamento em um mundo, no entanto, já desencantado, desprovido de vida, dominado pela força da técnica, pelo reino do contingente. Rompendo com uma acepção holística, a disjunção implica uma quebra de identidade do indivíduo com o etos da natureza. Concebendo-a como coisa, matéria inânime, objeto disponível de domínio, torna possível a instituição de uma ética estranha, com o predomínio de uma concepção neutral e irresponsável com respeito à natureza ou à sociedade. Essa imagem de potência, ao revelar seu conteúdo de impotência, desnuda a ambigüidade que está no fundamento da constituição de um profundo sentimento de angústia que parece dominar o sujeito no momento de crise desse pilar do pensamento ocidental.

O pressuposto disjuntivo empresta fundamento ao modelo predominante na filosofia política moderna. Na acepção do contrato, os indivíduos ocupam o centro da proposição explicativa do fenômeno político, com destaque à qualidade de razão, que os permitem alcançar o resultado da organização política. Os indivíduos, sob fundamentos diversos, mediante cálculo ou projeto, declinam de posições originárias para lograr uma posição de segurança, mediante a instituição de um órgão soberano.

A idéia de um sujeito supremo, encerrada nesta concepção, não impede a emergência de aporias que mitigam o pressuposto, desnudando ao final um sujeito debilitado. Esse sujeito forte tem seu vigor na compreensão da disjunção, que o afirma como qualidade distinta, entidade espiritual apartada, independente do mundo objetivo. A face da filosofia política vai além: para ela, o sujeito não está apenas apartado do mundo, mas também em posição atomizada. A imagem do átomo, ou de uma ilha, reflete bem a concepção do sujeito moderno, um ente que tem sua estabilidade fundada em sua provisão própria de energia, capaz de conformar por sua firmeza uma série de sistemas, um conjunto de instituições.

Nessa imagem, o átomo é o elemento primordial, lógica e cronologicamente anterior à substância por ele gerada e sua existência depende mais da profusão de sua energia que das substâncias que pode conformar. Por analogia, o que caracteriza o indivíduo não é apenas sua anterioridade à sociedade política, mas sua capacidade de autonomia em relação à mesma, pois a constituição das instituições não altera sua natureza. Assim, mesmo na situação de sociedade, a condição da autonomia do sujeito é a distinção de sua natureza e a independência física, liberdade, em relação ao outro.

Essa idéia debilita o sujeito, porque a idéia de liberdade e a condição da autonomia são irreais, impossíveis, irrealizáveis, verdadeiras condições de ineficácia do projeto, transformando toda ação nesse sentido em frustração e angústia. São essas, entretanto, as imagens que fundamentam os conceitos de sujeito e de razão para o direito moderno, são esses os fundamentos da idéia de autonomia no direito.

A idéia de um sujeito forte e de uma racionalidade dirigente constitui o fundamento primeiro do direito. Procuramos demonstrar que o direito firma-se sobre importantes pressupostos da modernidade, como a concepção cognitiva racionalista, que pressupõe a apreensão do mundo pelo conhecimento, a orientação cientificista, que, numa dimensão técnica, avança na possibilidade da construção de uma segunda natureza; que essa idéia encerra o pressuposto de um sujeito de força, de potência, que, entretanto, resta mitigada na própria força da abstração que constitui esse pressuposto. Subsidiário do pensamento político moderno, o pensamento jurídico encontra-se sob impacto de sua crise e sofre as repercussões das transformações internas do projeto moderno. Dentre elas, o movimento que reclama a particularidade das ciências da sociedade e da história em relação às ciências da natureza, assim como, no interior das ciências da sociedade, a particularidade colocada pela complexidade da linguagem.

As pesquisas nessa direção têm, sem dúvida, oxigenado o pensamento jurídico moderno, trazendo à luz a complexidade do fenômeno jurídico, e ressaltando, sobremaneira, aspectos importantes, como a abertura própria do direito e a relação com os valores constitutivos da sociedade. Nossa hipótese é a de que estes esforços têm por objeto suprimir lacunas importantes do projeto moderno, identificando, no âmbito específico da realidade do direito, lugares próprios à emergência da irracionalidade, nos quais se requer a maior intervenção do sujeito.

Abrindo novos horizontes, essa renovação interna do pensamento jurídico não requer uma crítica às concepções de sujeito e de razão próprias do pensamento moderno, ou seja, não implica uma ruptura com os pressupostos filosóficos do direito moderno.

Por duas direções poderemos refletir que recebem plenamente os pressupostos modernos, o que buscamos fundamentar no presente capítulo, via de breve discussão em torno da teoria da argumentação e da teoria dos sistemas, procurando sustentar que ambas as teorias jurídicas ajustam-se ao pensamento moderno e que a aparente distinção entre uma perspectiva forte do sujeito (que as teorias da argumentação parecem indicar) e uma aparente falência da racionalidade desse mesmo sujeito (como se denuncia à perspectiva do sistema) é própria da ambigüidade constituinte do pensamento moderno, que afirma a primazia do sujeito, subtraindo-lhe da natureza os laços constitutivos com o mundo da vida.

4. Teorias da Argumentação: por uma nova autonomia

4.1. Introdução

No contexto do fim do Século XX, dogmas importantes do direito, como as idéias de certeza e segurança jurídica, soberania e Estado de Direito, foram violentamente abrandados, mediante a criação de novos sentidos e/ou a proposição de novas significações.[106] O plano privilegiado que o jurídico ocupa no projeto político da modernidade é um elemento importante da investigação da crise do pensamento jurídico, pois implica a associação do plano do direito aos fundamentos daquele projeto. Daí a direção de uma crítica ao paradigma do direito, que alcança a natureza moderna desse pensamento.

Por outro lado, é necessário examinar também as aporias próprias do projeto do positivismo jurídico, que jamais se desvencilhou da sombra que lhe fez o jusnaturalismo, afirmação que se justifica em um sem-número de fatos, a exemplo: a) do suporte dado ao direito moderno pelo direito natural racional, que desenhou alguns dos fundamentos do positivismo, como os conceitos de sujeito, de vontade, de razão, de soberania; b) o suporte dado pelo historicismo e o conceitualismo que se nutrem de uma perspectiva idealista, articulando a experiência positiva ao espírito do povo e, mais uma vez, à razão; c) o próprio conceito de lei, na forma proposta por Austin, que articula, de um lado, a soberania e, de outro, a necessidade e; d)

---

[106] São inúmeros os exemplos: no que respeita ao conceito de soberania, a idéia da necessidade de adequação da modernidade à nova realidade global (sic) ou mesmo a necessidade de uma ordem supranacional de obediência ao livre mercado, para o discurso neoliberal ou, na versão humanitária, de direitos humanos universais. Por um ou outro argumento, legitima-se a competência de organismos internacionais, de matizes diferenciadas, evidentemente, abrandando-se o conceito de soberania. Já os conceitos da certeza e segurança mostram-se mitigados pelas reformas jurídicas impostas por sob as "flexibilizações" das normas internas, com a justificação da adequação das estruturas jurídicas nacionais à realidades abstraídas sob a denominação de "mercados", para minimizar os custos de produção e atrair os aportes necessários, na linguagem própria do discurso da macro-economia, que se repete no senso comum, sob o "consenso justaposto" da modernidade.

a experiência positiva que se firmou como modelo (do código civil de Napoleão), diretamente articulado aos pressupostos, mais uma vez, do direito natural racional.

O pensamento moderno apóia-se em perspectivas que supostamente prescindem de justificação associadas a idéias que só se sustentam quando justificadas. Assim, pode-se supor que, se é certo que a idéia de um método universal às ciências concorreu para a afirmação do positivismo, a consolidação de um pensamento jurídico só se viu completada com o processo de formação dos Estados Nacionais. Foi a combinação desses elementos que permitiu a universalização de conceitos como o da soberania ou, numa justificação outra, da norma fundamental. Portanto, o método, que se universaliza subtraindo da teoria o elemento valorativo, tem seu aporte em conceitos que demandam justificação, como Estado, soberania e norma, desenhando um contexto de emergência do pensamento jurídico pleno de aporias.

O recurso ao método permitiu uma operação seqüencial de valor estruturante do pensamento positivista. De início, a separação ser e dever-ser, entre ontologia e deontologia, de onde outras disjunções foram mecanicamente possíveis, como a existente entre "fato" e "norma". Nesta seara, a ciência de que se ocupa o direito volta-se à norma, realizando um corte teórico que consubstancia sua epistemologia.

Ante a qualidade do objeto que assim constrói, pode reconstruir uma estrutura de decisão ideal ao seu fim, recorrendo à lógica, segundo o modelo das ciências naturais. O modelo decisório assim instituído tem a vantagem de permitir uma rearticulação, segundo a lógica da subsunção, entre as esferas do ser e as do dever-ser, realizando nesse caso a essência e a finalidade.

Esse esquema foi parcialmente quebrado com as teorias da argumentação, uma vez que concebe que o silogismo não é suficiente para explicar o processo de decisão de que se constitui o direito, e propõe a reconsideração de outras variáveis igualmente racionais. Mas não se pode afirmar que o recurso à retórica e às teorias da argumentação, sob a insigne de uma neologia, tenha o condão de proceder um corte profundo na estrutura que torna possível essa lógica.

As teorias da argumentação desconstroem o modelo de explicação da decisão do positivismo jurídico, mas se conformam com a estrutura que lhes oferta esse mesmo positivismo. Ignorando a ontologia, a forma do positivismo, essas teorias permitem outra vez pensar o procedimento de decisão do direito como afirmação da racionalidade (moderna).

É mister ressaltar que mesmo a hegemonia positivista não foi capaz de colocar um epitáfio sobre a problemática relação entre direito e valor. Da mesma forma, se permitiu às sociedades uma razoável sensação de segurança das relações jurídicas, não foi capaz de explicar e justificar razoavelmente como se operaram as necessárias inovações, nem as que se conformam lentamente, nem as que se deram abruptamente.

Ante esse déficit, o pensamento jurídico abre-se em novos caminhos. De um lado, o próprio positivismo se renovou, de que é exemplo o pensamento de Hart. Por outro lado, na esteira da retomada da teoria da argumentação, consolida-se uma série de elaborações conhecidas como pós-positivistas. Essa digressão, neste espaço, pretende dar substância ao que se afirmou acima: à dissociação entre o esgotamento do modelo positivista e a atualidade do neoliberalismo e da globalização.

Não é nosso objeto, entretanto, a pesquisa sociológica. Recortamos desses fenômenos – hegemonia neoliberal e globalização – o fato de que as reorientações que pressionam o direito são, em geral, reorientações "cegas", na direção apontada por Boaventura de Sousa Santos, pois nem refletem um novo paradigma, nem se refletem no paradigma moderno, no qual pretendem se orientar.

Cegueira que torna a realidade ainda mais emblemática quando consideramos que os problemas enfrentados pela atualidade do direito não residem, apenas, na adequação dos conceitos tradicionais a "novas" questões efetivamente antigas, como aquelas que advêm da relação entre Estados e entre estes e o capital. Há outras questões inusitadas, que não se deixam representar e não se reduzem pelos conceitos herdados do positivismo, a exemplo daquelas postas pelo risco ou o direito das futuras gerações, nada que, entretanto, não possa ser parcialmente reabsorvido, justificado e positivado, segundo a lógica "conidica".[107]

A "cegueira" é mais que uma repercussão visível do esgotamento do modelo teórico do positivismo jurídico. Ela alcança também o pensamento forjado na crítica ao positivismo, o qual, como experiência, deve ser matizado. Neste âmbito, a crítica atinge a crítica e reúne num mesmo contexto o que se tem conhecido como póspositivismo. Obedecendo a tal exigência, Boaventura realiza o que

---

[107] Conjuntista identitária, segundo a expressão de Castoriadis, que atribui, aproxima esse modo de representar ao modo de ser do que denomina primeiro estrato natural, que é orgânico e se deixa classificar. Voltaremos ao tema no Capítulo seguinte.

denomina escavação, com o objetivo de localizar, na origem do pensamento político moderno, os fundamentos de nosso pensamento jurídico. Essa reconstrução, associada ao paradigma instituído pela revolução científica, conforma a estrutura do pensamento jurídico, da qual, de acordo com o autor, não se desembaraçou o espírito jurídico na segunda metade do século XX, após a retomada das teorias da argumentação. Em outras palavras, com apoio em Boaventura, afirmamos que as reflexões pós-positivistas, que se seguem com a retomada da teoria da argumentação no direito, são assumidamente modernas e, com esta filiação, conservam na sua carnatura uma herança irrenunciável.

O problema não é o substrato moderno do pós-positivismo; a aporia consiste nos seus propósitos a partir da ontologia que conforma a modernidade, que impõe exigências constringentes desse projeto. Ao final, alargam-se os conceitos de razão, de sujeito, de norma, justificando-se as idéias modernas de sujeito e de razão, dando-lhes sobrevida. A perspectiva da nova razão prática realiza uma aparente renúncia a um pressuposto ontológico, como condição de uma direção procedimental capaz de oferecer ao mesmo tempo um fundamento de um modelo político plural e as correspondentes legitimação e funcionalidade das exigências de decisão. Uma renúncia aparente, entretanto, pois que a proposta carrega consigo o fundamento assumido do programa moderno.

A reflexão de Boaventura sobre a crise do paradigma, e a crítica de Castoriadis sobre a ontologia herdada, nos permitem pensar que a renúncia à ontologia nem é condição de uma razão prática, nem conduz a uma concepção substantiva do direito. O que permite pensar também que a idéia de que o resgate da reflexão ontológica no direito seja incompatível com uma perspectiva pluralista de sociedade é justamente o que limita e constrange as perspectivas procedimentais. Por outras palavras, estão tolhidos pela ontologia que tem por pressuposto a idéia de ser predominante na modernidade (o privilégio do contingente, dado o necessário por pressuposto).

Esta questão se articula à crise do paradigma da ciência moderna. Na direção das inovações científicas, entretanto, o direito sofre impactos mais decisivos, porque atingem os seus alicerces. O desenvolvimento científico impôs à ciência o questionamento de seus fundamentos e o abrandamento de seus pressupostos ontológicos. Como conseqüência, o pressuposto racional de um conhecimento verdadeiro e de um ser preexistente ao conhecimento abre-se, finalmente, à crítica. Desenvolvido a partir do modelo das ciências naturais, e mantendo-se fortemente vinculado aos preceitos do racionalismo, o pensamento jurídico moderno é atingindo por essa reflexão.

Entre as repercussões desse processo, destaca-se o esforço do pensamento jurídico, com o objetivo de adequação das categorias jurídicas a uma nova realidade que se evidencia em maior complexidade. Neste âmbito, a conseqüência é o desenvolvimento de uma série de perspectivas, que ora visam a adequar os modelos de representação à realidade, ora ajustar os instrumentos metodológicos que permitem conhecer a realidade, ora questionam essas possibilidades, haja vista a evidente abertura a soluções fundadas no pragmatismo, utilitarismo e ceticismo.

Com essa perspectiva, o debate no direito ganha energia com o confronto de concepções diferentes. Destacamos, por exemplo, o projeto habermasiano, que finca seu apoio nas perspectivas da argumentação e no pressuposto da racionalidade, para permitir um desenvolvimento pleno da utopia da modernidade; a própria direção da argumentação; e a teoria dos sistemas, que se assenta em um pressuposto crítico para as concepções anteriores, que lhes imputa uma negação da racionalidade e, portanto, da autonomia da vontade, ante os desígnios da natureza das coisas.

A perspectiva da integração, de R. Dworkin, se afasta da rigidez da ontologia herdada. Esboça uma concepção de direito vivo e o percebe em sua afetação pela natureza da cultura, um organismo igualmente vivo. O sujeito, nesse sistema, é potência e é também passividade; tecido do mesmo fio que compõe a natureza de sua comunidade, tem nessa qualidade a fonte de sua dinâmica e também de seus limites. Talvez por essa crítica ínsita em seus pressupostos recorra a elementos metodológicos abertos, que alcança o problema em sua complexidade, como a idéia do juiz Hércules. Uma linguagem que, por remeter à presentificação, estrutura, por menos abstrata, traz com mais evidência a dimensão dos problemas a solver.

Nossa tese pretende destacar os vínculos do direito moderno que estrutura o pensamento jurídico com a ontologia do pensamento herdado, segundo expressão de Castoriadis. Na sustentação dessa hipótese, temos procurado nos aproximar do fino pensamento que tece as linhas do diálogo entre o pensamento moderno e a filosofia, que nos ofereceu fundamento. Esse material e suas tramas, onde, em nossa imagem, estamos enredados, ladeados por caminhos que nos levam a um mundo diverso, sem que possamos estabelecer um firme caminho de retorno. Caminho que tampouco existe; mas é preciso ir adiante, nessa irrecusável aventura que é o tempo. Nas próximas páginas, damos seguimento a essa empresa, mediante maior aproximação com o pensamento jurídico contemporâneo, propondo por essa aproximação o retorno ao diálogo entre a modernidade e a tradição filosófica.

Um exercício de reconstrução desse diálogo permite o reencontro com problemas antigos, que se reapresentam na contemporaneidade, não obstante a promessa moderna da superação metafísica. É o nosso objeto, sob o signo dessas anotações críticas ao paradigma do direito moderno.

4.2. A potência abstrata do sujeito debilitado

A hegemonia do positivismo jurídico tomou por pressuposto as idéias de sujeito e de razão, fiduciárias da filosofia da ciência moderna.[108] Como procuramos demonstrar, este modelo articula de forma complexa o empirismo e o racionalismo, nutrindo-se nas fontes do pensamento clássico. O pensamento moderno consagra o indivíduo, livre dos fortes laços comunitários próprios dos antigos e das práticas típicas das comunidades medievais. Contraditoriamente, entretanto, a consagração dessa moralidade subtrai-lhe potência na razão direta da irrealidade dessa abstração. Uma abstração mais forte que a idéia de moralidade subjetiva formulada por Hegel, porque nele a idéia da unidade do espírito de certa maneira consagra o indivíduo em natureza, enquanto na idéia da filosofia política que se consagrou o indivíduo civil tem por pressuposto justamente a renúncia à condição de natureza. Como resultado, concebe um sujeito tão potente quanto debilitado, capaz de criar um outro mundo pela técnica, mas inabilitado para lidar com a contingência dessa criação.

O sujeito moderno é uma abstração, que requer por pressuposto a separação do objeto como recurso possível do exercício do domínio da coisa. Esta idéia, que encerra a forte imagem da supremacia do indivíduo, consagrado como sujeito, revela-se frágil em múltipla face. Afastado do mundo, o sujeito é a ele devolvido como um mito, como algo que não é propriamente realidade, mas que se faz forte pelo encantamento[109] em um mundo, no entanto, já desencantado, desprovido de vida, dominado pela força da técnica, pelo reino do contingente. Rompendo com uma acepção holística, a disjunção implica uma quebra de identidade do indivíduo com o *ethos* da nature-

---

[108] Pressuposto que tentamos fundamentar no capítulo precedente.

[109] A respeito da potência de encantamento do Mito, cf. TORRANO, J. *Teogonia*: a origem dos Deuses Hesíodo. São Paulo: Iluminuras, 2001.

za. Concebendo-a como coisa, matéria inânime, objeto disponível de domínio, torna possível a instituição de uma ética estranha, com o predomínio de uma concepção neutral e irresponsável com respeito à natureza ou à sociedade. Essa imagem de potência, ao revelar seu conteúdo de impotência, desnuda a ambigüidade que está no fundamento da constituição de um profundo sentimento de angústia que parece dominar o sujeito no momento de crise desse pilar do pensamento ocidental.

O pressuposto disjuntivo empresta fundamento ao modelo predominante na filosofia política moderna. Na acepção do contrato, os indivíduos ocupam o centro da proposição explicativa do fenômeno político, com destaque à qualidade de razão, que os permite alcançar o resultado da organização política. Os indivíduos, sob fundamentos diversos, mediante cálculo ou projeto, declinam de posições originárias para lograr uma posição de segurança, mediante a instituição de um órgão soberano.

A idéia de um sujeito supremo, encerrada nesta concepção, não impede a emergência de aporias que mitigam o pressuposto, desnudando ao final um sujeito debilitado. Esse sujeito forte tem seu vigor na compreensão da disjunção, que o afirma como qualidade distinta, entidade espiritual apartada, independente do mundo objetivo. A face da filosofia política vai além – para ela o sujeito não está apenas apartado do mundo, mas em posição atomizada. A imagem do átomo, ou de uma ilha, reflete bem a concepção do sujeito moderno, um ente que tem sua estabilidade fundada em sua provisão própria de energia, capaz de conformar por sua firmeza uma série de sistemas, um conjunto de instituições.

Nessa imagem, o átomo é o elemento primordial, lógica e cronologicamente anterior às substâncias por ele geradas e sua existência depende mais da profusão de sua energia que das substâncias que pode conformar. Por analogia, o que caracteriza o indivíduo não é apenas sua anterioridade à sociedade política, mas sua capacidade de autonomia em relação à mesma, pois a constituição das instituições não altera sua natureza. Assim, mesmo na situação de sociedade, a condição da autonomia do sujeito é a distinção de sua natureza e a independência física, liberdade, em relação ao outro.

Essa idéia debilita o sujeito, porque a idéia de liberdade e a condição dessa autonomia são irreais, impossíveis, irrealizáveis, verdadeiras condições de ineficácia do projeto, transformando toda ação nesse sentido em frustração e angústia. São essas, entretanto, as imagens que fundamentam os conceitos de sujeito e de razão para o direito moderno, são esses os fundamentos da idéia de autonomia no direito.

A idéia de um sujeito forte e de uma racionalidade dirigente constitui o fundamento primeiro do direito. Procuramos demonstrar que o direito se firma sobre importantes pressupostos da modernidade, como a concepção cognitiva racionalista, que pressupõe a apreensão do mundo pelo conhecimento, a orientação cientificista, que, numa dimensão técnica, avança na possibilidade da construção de uma segunda natureza; que essa idéia encerra o pressuposto de um sujeito de força, de potência, que, entretanto, resta mitigada na própria força da abstração que constitui esse pressuposto.

Subsidiário do pensamento político moderno, o pensamento jurídico contemporâneo encontra-se sob impacto de sua crise e sofre as repercussões das transformações internas do projeto moderno. Dentre elas, o movimento que reclama a particularidade das ciências da sociedade e da história em relação às ciências da natureza, assim como, no interior das ciências da sociedade, a particularidade colocada pela complexidade da linguagem.

As pesquisas nessa direção têm, sem dúvida, oxigenado o pensamento jurídico moderno, trazendo à luz a complexidade do fenômeno jurídico, e ressaltando, sobremaneira, aspectos importantes, como a abertura própria do direito e a relação com os valores constitutivos da sociedade. Nossa hipótese é a de que elas têm por objeto suprimir lacunas importantes do projeto moderno, identificando no âmbito específico da realidade do direito, lugares próprios à emergência da irracionalidade, nos quais se requer a maior intervenção do sujeito.

4.3. As perspectivas da argumentação: ainda a ontologia herdada

Abrindo novos horizontes, essa renovação interna do pensamento jurídico não requer uma crítica às concepções de sujeito e de razão próprios do pensamento moderno, ou seja, não implica uma ruptura com os pressupostos filosóficos do direito moderno. Por duas direções poderemos refletir que recebem plenamente os pressupostos modernos, o que buscamos fundamentar no presente capítulo, via de breve discussão em torno da teoria da argumentação, para sustentar que a perspectiva da argumentação se ajusta ao pensamento moderno.[110] Procuramos sustentar que a idéia de um discurso pós-positivista em torno dessas teorias não pode ser ampliada à idéia de uma perspectiva pós-moderna a essas mesmas teorias. Porque elas encerram como pressuposto uma idéia de sujeito e de razão estruturadas pela modernidade.

O recurso à teoria da argumentação permite-nos discutir dois temas articulados à questão da autonomia no direito, fio condutor de nossa tese, a saber: os conceitos de razão e de sujeito, com desdobramentos em relação aos pressupostos ontológicos e epistemológicos que manipulam.

A tese que sustentamos no presente capítulo comporta duas partes. A primeira implica um trabalho mais simples, pois visa a fundamentar a afirmação largamente aceita no pensamento jurídico, de que as teorias da argumentação consubstanciam uma inflexão decisiva para adequar o pensamento jurídico ao paradigma das ciências sociais, afastando-o da rigidez metodológica das ciências da natureza. A segunda parte estabelece um senão ao caráter positivo dessa conquista. Por precaução, apoiados no argumento de autoridade, com Boaventura queremos sustentar ainda que esse movimento não logra superar a crise do direito, pois ele próprio insere-se na crise do paradigma moderno.

Para não correr o perigo de nos colocarmos ante uma outra tese, limitamos o alcance dessa investigação. O plano do capítulo parte de um esboço geral da teoria da argumentação, tomando por base

---

[110] A investigação sobre a teoria dos sistemas, poderia levar a discutir um argumento diverso, sustentando que levaria a duas direções que se encerram no pensamento atual, com uma perspectiva derivada de uma concepção total do ser, de um sistema hermético, organizado segundo a lógica da determinação, da identidade e do terceiro excluído, a lógica conídica, no neologismo de Castoriadis. Em outra senda, em uma perspectiva que se pretende pós-moderna, a aparente falência da racionalidade do sujeito. Essa ambigüidade é constituinte do pensamento moderno, que afirma a primazia do sujeito subtraindo-lhe de sua natureza os seus laços constitutivos com o mundo da vida. Nosso olhar à teoria dos sistemas segue igualmente em duas direções: numa dimensão positiva, ressalta a inserção desse pensamento na crítica produzida aos pressupostos filosóficos da ciência moderna, a partir da própria conquista desta ciência. A partir da observação das incongruências dos fundamentos, a perspectiva dos sistemas coloca-se de forma direta ante a realidade do mundo e da igual dinâmica do saber, de onde a atualidade e realidade do chamado pensamento complexoNosso olhar à teoria dos sistemas segue igualmente em duas direções: numa dimensão positiva, ressalta a inserção desse pensamento na crítica produzida aos pressupostos filosóficos da ciência moderna, a partir da própria conquista desta ciência. A partir da observação das incongruências dos fundamentos, a perspectiva dos sistemas coloca-se de forma direta ante a realidade do mundo e da igual dinâmica do saber, de onde a atualidade e a realidade do chamado pensamento complexo. Na falta de espaço e tempo, escolhemos a via teoria da argumentação como meio de aproximação de nossa reflexão aos problemas da atualidade do pensamento jurídico. Aplicada ao direito, essa perspectiva exige uma crítica aos pressupostos modernos que estruturam e limitam a compreensão contemporânea da prática jurídica; numa outra perspectiva ressalta-se a crítica moderna de Habermas em Faticidade y Validez e não moderna de Pietro Barcelona a um pressuposto – ou a uma conseqüência –, do sistema, que subtrai todo e qualquer fundamento da autonomia, mediante o enfraquecimento do sujeito obtido nesse pensamento.

o trabalho de Atienza e a perspectiva da lógica jurídica de Chaim Perelman, propondo nesses alguns pontos de inserção da teoria da argumentação nas linhas críticas do direito moderno, ressaltando, como centrais ao presente trabalho, questões relacionadas às idéias de sujeito e razão nessa linha de pensamento.

4.4. As razões do direito: a crítica aos pressupostos da ciência moderna

Chaim Perelman pesquisa o raciocínio jurídico, considerando a distinção entre os tipos de raciocínios analíticos e dialéticos. Os raciocínios analíticos possuem natureza demonstrativa, enquanto os raciocínios dialéticos possuem uma natureza discursiva; estes têm por característica o objetivo da persuasão e do convencimento, ao se realizarem em meio a controvérsias e sustentarem processos deliberativos. Em comum os tipos de raciocínio indicados têm o fato de partirem de premissas e, por meio de inferências válidas, sustentarem conclusões. A diferença é que, ainda de acordo com Perelman, enquanto as premissas do raciocínio analítico são premissas verdadeiras, ou tidas por tal, as premissas do raciocínio dialético são apenas verossímeis e plausíveis.

Não há oposição na natureza dos processos racionais operantes nas ciências naturais e a racionalidade do direito. Esses raciocínios são formas operantes de razão. Mas a consideração da diferença faz diferença. Perelman trabalhou na seara aberta pela demanda da distinção metodológica entre as ciências naturais e as ciências da sociedade e logrou demonstrar a natureza dessa distinção a partir do raciocínio jurídico e sustentar que a aplicação da razão analítica para explicar os processos jurídicos deixa abertas lacunas importantes e não realiza a finalidade de justificar as conclusões/decisões ao final adotadas.

Esta posição exige o reconhecimento de que a racionalidade das ciências da natureza se faz forte e presente no pensamento jurídico, que a idéia predominante no direito credita à lógica jurídica não apenas a possibilidade de reconstituir com exatidão as operações realizadas nos procedimentos jurídicos, mas também de identificar na passagem fato-norma o fundamento necessário, não contingente, objetivo, neutro e não arbitrário, às conclusões/decisões adotadas.

A discussão requer amplitude, tendo em vista que envolve necessariamente uma crítica aos pressupostos racionalistas e empiristas presentes na teoria da ciência moderna. Assumindo esse desafio, Chaim Perelman identifica uma importante aproximação entre os fundamentos do racionalismo e do empirismo clássicos, cujo postulado do conhecimento implica de todo modo em uma rendição ao necessário, por uma via subjetiva, ou pelo caminho da experiência. Esses caminhos concebem a evidência como fundamento da decisão.

As perspectivas cognoscentes modernas procuram um caminho ao método científico e estabelecem – nessa construção metodológica –, uma diferenciação essencial no que respeita às ações da vida prática. A desqualificação do cotidiano, mediante uma também desqualificação do senso comum, estima que as decisões da vida prática, em geral condicionadas pelas circunstâncias, não estão fundadas em um rigoroso saber, capaz de conferir segurança e certeza aos procedimentos adotados a esse título. Em direção oposta, apontam que só o conhecimento científico pode ser capaz de levar o sujeito a uma ação equilibrada, virtuosa, porque fundada no verdadeiro, no essencial, não no contingente. A meta de um tal saber requer como condição o rigor do método científico, procedimento de qualificação da ação, de elevação da mesma em relação ao senso comum. Elemento da aproximação do homem ao necessário, o método científico é concebido já com as virtudes do objeto que visa a alcançar, a exemplo da universalidade, daí a aplicabilidade, desde a sua concepção, a qualquer ramo de conhecimento.

Para o autor, quanto ao conhecimento, as soluções do racionalismo e empirismo são próximas. Essas soluções apresentam uma repercussão importante tangente ao papel da linguagem, que se apresenta como elemento de deformação e de mal-entendido, da natureza das coisas. Para o autor, as correntes clássicas pretendem ao final "fornecer um fundamento que seja, a um só tempo, dado e indubitável, um elemento que constitua, na cabeça do sujeito, uma manifestação autêntica do objeto. O sujeito que pusesse à prova essa evidência seria 'aberto ao ser'; a iluminação à qual fará o ser submeter-se deverá deixar este 'no que ele é e tal como ele é', ela não o fará sofrer a influência deformadora de nenhuma particularidade do sujeito cognoscente".[111]

Como resultado dessa posição epistemológica, comum às teorias criticadas, o sujeito e a consciência perdem sua força e autonomia e o sujeito se equipara plenamente ao objeto, pois o conhecimento seria, em ambos os casos, manifestação autêntica do real. A crítica é importante porque denuncia a reificação do sujeito. Mas ressalva-

---

[111] PERELMAN, C. *Retóricas*. São Paulo: Martins Fontes, 1997, p. 364.

mos, aproveitando-a a nosso argumento, porquanto trabalha com os pólos próprios da concepção disjuntiva e ainda, por sob a crítica que realiza, a desqualificação do objeto/natureza, que a mesma desvela.

Um fundamento se destaca como elemento dessa crítica, que é a vinculação à verdade, tanto do conhecimento, quanto do método; no âmbito da crítica, a questão do argumento do conhecimento do criador (se o conhecimento é um dado objetivo posto à conquista pelo homem ou é uma dimensão inusitada da criação radical humana). Perelman parece apontar o caminho do ceticismo clássico, desvinculando conhecimento de verdade absoluta, essencial, predicando um conceito mais aberto de verdade, atravessado do conceito de opinião. Dessa distinção aponta a conseqüente separação entre os conceitos de verdade e opinião, para propor a diferenciação e importância desta última.

Esse ceticismo é mitigado quando interpreta que os postulados que vinculam a certeza da decisão humana à evidência racional ou intuição sensível e a obtenção última da verdade à obediência do método não são sustentáveis em importantes áreas do conhecimento científico. Esse vínculo deve estar submetido ao filtro composto pelos sistemas sob análise científica, verificando a ocorrência de sistemas nos quais a vontade do pesquisador não pode modificar os resultados próprios à lógica interna. Mas tal não se dá com áreas do conhecimento como a história, a filosofia e em particular no direito, onde o problema da decisão é posto mesmo como obrigação.

Nestas, os pressupostos do racionalismo e empirismo, a idéia de uma verdade absoluta, universal e a-histórica, e o método desvelam sua precariedade. Na realidade, o conhecimento produzido nessas áreas tem, na construção de um método a ela apropriado, uma condição necessária. Da mesma forma, esses ramos do conhecimento evidenciam a sucessão de métodos, numa perspectiva de resoluções mais apropriadas a antigos problemas, ou a constituição necessária de procedimentos investigativos próprios a problemas emergentes no interior desses saberes.

Essas evidências indicam ao autor que o caminho a ser seguido deve respeitar a particularidade do ramo do conhecimento. Com isso propõe retomar a autonomia do cientista e reconhecer o papel deste na tomada de decisão, que implica a constituição de um método adequado ao saber e que alcance o resultado final do conhecimento.

Essa direção reclama por evidente o enfrentamento do problema da verdade. Perelman propõe, discute os conceitos de verdade e opinião e a repercussão no campo do conhecimento. O autor questiona de forma clara o âmbito da verdade como fundamento de um conhecimento pautado na evidência. Propõe que as decisões humanas que estão envolvidas na ciência moderna não decorrem de imperativos categóricos, como diz o autor, nesse sentido: "se admitirmos que as ciências se desenvolvem a partir de *opiniões* anteriormente admitidas, que substituímos por outras, quer no caso de dificuldade resultante de uma contradição, quer para permitir a integração de novos elementos de conhecimento na teoria, *a compreensão metodológica científica exige que nos preocupemos não em construir o edifício científico sobre evidências,* mas em indicar por que e como certas *opiniões* admitidas deixam de ser consideradas como as mais prováveis e mais idôneas para expressar nossas *crenças* e são substituídas por outras".[112] (grifos nossos)

A idéia que postula a evidência representa para o autor um verdadeiro absolutismo metafísico, uma vez que estabelece uma diferença de qualidade e de autoridade de argumento em relação à opinião. O autor tem por objeto resgatar a importância da opinião, meta esta fundamental ao projeto da nova retórica.

Esse resgate se realiza duplamente, tanto na afirmação da opinião como fundamento de decisão nos conhecimentos próprios das ciências da sociedade, como na filosófica, a história, o direito, dentre outras, como na qualidade de elemento de crítica desvelada aos fundamentos metafísicos da ciência moderna. Esta dupla direção alcança a esfera da teoria da ciência, impondo a esta uma condição relativista, mas trazendo dela a natureza racional para a consideração da opinião.

Perelman demonstra o cuidado de resgatar a plenitude e a dimensão forte de racionalidade existente nos processos de formação da opinião e nas decisões dela resultantes; diz mesmo, em realidade, que toda ação, mesmo as pretensamente científicas, decorrem de decisões. Daí a afirmação de que o seu "ponto de vista não deve, em absoluto, ser considerado como favorável ao irracionalismo", mas antes visa a "poder reintegrar numa teoria do conhecimento que se pretende racionalista em todo o imenso domínio que lhe escapa atualmente e que inclui, entre outros, os próprios métodos pelos quais se elabora a teoria do conhecimento".[113]

---

[112] Ibid., p. 353.
[113] Ibid., p. 356 e 357.

AUTONOMIA E NORMA JURÍDICA

4.5. A racionalidade da argumentação

Dos pressupostos da teoria da argumentação jurídica acima discutidos, da crítica ao racionalismo e empirismo clássicos, destacamos o projeto que reclama a posição de racionalidade dos processos decisórios apoiados em opiniões, bem como a necessária ressignificação da dimensão da opinião, situando-a no fundamento mesmo do conhecimento científico.

Recusando a verdadeira e absoluta ausência de justificação das decisões jurídicas presentes na justificação de tipo formal reveladas nas respostas apresentadas pelo decisionismo metodológico ou pelo decisionismo judicial, o projeto aponta a um modelo de justificação material, que se reclama igualmente como racional e que destaca uma posição forte do sujeito na determinação dos pressupostos lógicos e ontológicos da decisão material e de seus pressupostos metodológicos.

Enquanto processos racionais, não há oposição entre racionalidade própria das ciências naturais e uma racionalidade típica do direito. Ambas constituem espécies de racionalidade. O que Atienza[114] considera é a especificidade da razão no direito que exige uma reconsideração metodológica radical, uma vez que, no direito, o objeto mostra-se mesmo como o resultado da ação do sujeito.

Para propor um modelo explicativo da particularidade das diversas teorias da argumentação jurídica, Atienza recorre a uma postura didática, que facilita a inteligência da diferença entre os pressupostos ou premissas que sustentam os dois tipos de raciocínios e das operações que realizam. O raciocínio analítico parte de uma premissa de verdade, objetiva, ou tida como tal; as descrições e análises que realiza, a partir delas, visa a reconstruir conceitualmente o objeto, em um procedimento de análise conceitual, com finalidade identificadora. Pode se prestar a explicar, num plano externo, os processos decisórios do direito, mas não a justificar os procedimentos ali adotados.

A idéia da acepção neutral do direito, bem como o predomínio da lógica formal, têm seus tentáculos apoiados em vários fundamentos. Manuel Atienza trata-os no contexto de descoberta, onde o sujeito não interfere na verdade mesma do objeto. Essa afirmação considera a perspectiva da razão científica, sem se propor a uma crítica da abstração contida no pressuposto da disjunção entre o sujei-

---

[114] ATIENZA, M. *As razões do direito:* teorias da argumentação jurídica, Perelman, Toulmin, MacCornick, Alexy e outros, São Paulo: Landy Editora, 2000.

to e *res,* conforme acima anotada, portanto recorre deliberadamente a uma terminação conceitual de todo criticada pela presente tese, como nossa opção.

A descoberta não implica uma análise do tipo lógico, mas apenas destaca as causas, o contexto e as circunstâncias que levam a uma decisão. Esse contexto é distinto, portanto, da justificação, onde a incumbência é a de "justificar ou validar uma teoria (...) exige uma análise do tipo lógico (embora não apenas lógico) e se rege pelas regras do método científico – justificar uma premissa ou conclusão".[115]

Dessa distinção decorrem outras, que lhe permitem, ao final, delimitar o âmbito da argumentação jurídica da análise dos elementos implicados no processo decisório. Esse tipo de análise – justificação formal –, pode lograr a reconstrução, no plano lógico formal, como esclarece o autor, da sucessão de atos e motivações implicados na deliberação. Já a justificação de tipo material inclui o *plus* da aceitabilidade e, portanto, remete a razões de outra ordem de complexidade, que foge à formalidade lógica; é o campo que o autor identifica como o da tópica e o da retórica, onde se situa a teoria da argumentação jurídica: "no contexto da justificação dos argumentos e em geral costuma ter pretensões tanto descritivas quanto prescritivas (...) que pretendem mostrar como as decisões jurídicas se justificam de fato e também (...) como deveriam elas ser justificadas".[116]

A ordem da aceitabilidade implica em uma outra investigação, que não a da verdade ou falsidade das premissas residentes no ponto de partida das decisões de direito. A questão ora parece mais afeita ao aspecto fático dessas premissas, e de sua aceitabilidade; então, o problema a investigar passa às condições dessa aceitabilidade e mesmo aos aspectos envolvidos no desenvolvimento, no encadeamento dos argumentos, bem como os efetivamente levados em consideração na fundamentação das decisões jurídicas.

O ponto de partida é a crítica ao pressuposto que vincula a certeza da decisão humana à evidência racional ou intuição sensível, que deprecia a decisão pautada em opinião, relegando-a ao senso comum, e associa a segurança à obtenção última da verdade à obediência do método, estabelecendo uma continuidade entre áreas diversas do conhecimento.

---

[115] ATIENZA, M. Op. cit., p. 22.

[116] Ibid., p. 24 e 25.

A perspectiva das teorias da argumentação esboça o itinerário da racionalidade, considerando a existência, nesta, de uma relação entre premissas e conclusões. Segundo os fundamentos criticados, da evidência racional ou da intuição sensível, a conclusão/decisão é uma decorrência necessária de sua relação com a premissa, tendo em vista que esta tem, não apenas um valor de verdade, mas precisamente, naquelas acepções, a natureza mesma da verdade.

Este modelo consolida, no senso comum científico, segundo a expressão de Boaventura, um modelo de lógica formal ou dedutiva, onde os resultados já estão inscritos na verdade anterior, e que são, nesse sentido, um "dever-ser-que-já-é", encerrando uma concepção ontológica normativa, que pressupõe a norma como um elemento relativo à essência.

A lógica formal requer uma forte clausura no que respeita propriamente ao valor de verdade de suas premissas, uma vez que estas estão fora de qualquer possibilidade de questionamento. Essa sistemática fortalece, em princípio, uma posição axiomática, como o são as acepções clássicas do racionalismo e do empirismo, que sustentam o caráter dogmático das premissas, em razão de sua natureza essencial. Afinal, é razoável uma justificação plausível da premissa, e é plausível sustentar que, sendo verdadeira, a premissa deve demandar conclusões necessárias. Mas é também de simples observação que esse raciocínio vai além, e se adianta, para além do raciocínio lógico formal, pois denota a ocorrência de uma justificação implícita ao mesmo, o que difere de uma explicação de sua sistemática.

Essa lógica formal, axiomática, parte, pois, de uma premissa formalmente aceita em seu valor de verdade, de onde as operações racionais devem se ajustar plenamente, até às conclusões que dela se determinam necessariamente, sob pena de incorreção do argumento.

Para Atienza, outro tipo de lógica formal, o sistema de regras por inferência, parte de uma premissa que possui um valor de verdade indeterminado. Essa é uma situação mais próxima ao direito, onde os argumentos partem ou chegam a normas, que possuem um valor fático, mas não necessariamente de verdade.

Essa linha de argumentação estabelece uma direção distinta à lógica formal, mas não se opõe ao fato de que a lógica formal é de caráter dedutivo, não contesta o fato de que haja premissas verdadeiras e de que estas demandem uma seqüência necessária de raciocínios adequados, até a também necessária conclusão. Ela coloca uma outra realidade ao mesmo raciocínio lógico formal, que é o fato de que as premissas, independentemente de sua natureza de verdade, sejam simplesmente fáticas e aceitáveis como premissas, pertencentes a um dado sistema, e que, nele, impliquem e exijam raciocínios válidos enquanto realizem operações igualmente aceitas como válidas no sistema.

É o que ocorre no raciocínio de tipo jurídico, onde as premissas são de caráter normativo e, portanto, fático. Como o raciocínio adequado não decorre de uma premissa cujo valor resida em sua natureza ontológica, mas de uma premissa cujo valor decorre de um procedimento tipicamente de valoração, pois a ela se atribui o valor e se estabelece a condição de validade, a lógica formal não axiomática não demanda uma verificação do raciocínio do tipo correto ou incorreto. O critério de correção formal é adequado quando o valor da premissa é imanente, essencial. Quando a premissa é apenas válida, e não necessariamente verdadeira, a correção formal do argumento construído é verificado por critérios de aceitabilidade. Este tipo de lógica dedutiva, denominada de sistema de regras por inferência, mais afeita a um silogismo prático, é a que se assemelha à lógica por excelência do raciocínio jurídico.

Em tese, pois, temos dois tipos de raciocínios lógicos formais. Entretanto, qualquer que seja o modelo, trata-se antes de uma forma de predicação. O que de fato difere entre ambos é um pressuposto quanto à premissa: é indiferente o fato de o enunciado ser formalmente verdadeiro, ou apenas válido. Por outras palavras, o que aqui se restabelece é que a lógica formal prescinde da natureza ontológica de sua premissa, uma vez que o que ela requer é apenas que sua proposição de fato enuncie ou vincule uma lógica conclusão.

Desta forma, voltamos a conviver factualmente com a verdade de que a lógica formal e os raciocínios da vida cotidiana prescindem de uma correspondência absoluta à verdade. Um esquema positivo, mas temeroso. Emancipa-nos do peso da correspondência ontológica e concede leveza ao fazer humano. Mas ao mesmo tempo permite um fazer desprendido de todo fundamento, até a criação de uma segunda natureza, sem fundamento.

Por esse viés voltamos ao fato crítico de que o fundamento maior da premissa é a aceitabilidade desta e que, neste caso, o que concede força vinculante ao predicado esteja na realidade fora deste, distante dos elementos lógicos formais, que não podem, em realidade, sustentar por si só a justificação de uma decisão. No direito, esta potência é creditada pela natureza normativa da premissa. Daí ser "suficiente" o procedimento didático dos manuais de direito processual, que, ao adestrarem o raciocínio dos futuros juristas, ensinam que a fórmula da petição deva obedecer ao esquema "dos fatos/do direito/do pedido". Colocados os fatos, os subsumem a norma, daí implicando o pedido da recomposição do direito pelo judiciário, que também se impõe como dever/necessário. Este esquema exemplifica a excelência do raciocínio dos juristas, i. é, a articulação cotidiana de argumentos de tipo lógico formais.

Atienza considera ainda o argumento por indução, no qual a passagem das premissas às conclusões não é necessária, mas apenas plausível ou razoável. Esta forma de proceder para decidir é usual. Ela permite o recurso à experiência para a formulação de argumentos importantes, mas, considerada quanto aos procedimentos judiciais, esbarra nos limites estabelecidos por princípios que reclamam a certeza, enquanto na forma indutiva só se chega ao que é provável ou razoável. Desta feita, o argumento por indução resulta em incongruências no sistema para justificar os processos decisórios.

O problema da aceitabilidade atravessa a lógica jurídica. Em situação ideal, a lógica dedutiva presta-se a justificar uma decisão, sem a necessidade de recorrer à justificação da justificação. Atienza aponta ainda outras direções importantes, entretanto. De um lado, a existência de casos onde resulte inconsistente esse tipo de justificação interna, normativa. Esses casos demandam outro tipo de justificação, uma justificação externa, onde os argumentos dedutivos são de pouca valia. Por outro lado, mesmo em casos em que a justificação interna, de caráter normativo, parece plenamente aplicável, o autor mostra que uma decisão pode se mostrar incongruente em razão de que suas premissas não demandem necessariamente os resultados ao fim declinados, demonstrando assim que, mesmo onde as sentenças estão justificadas, há espaços onde a motivação decisória não está justificada.

O autor dá como exemplo a passagem não-necessária de uma conclusão precária da culpabilidade de um réu num caso de tráfico de drogas. Tendo superado, de forma duvidosa, o envolvimento de um dos acusados, a Corte resolve pela aplicação da pena. Esta aplicação implica uma abertura importante do sistema, coberta por um conjunto de valores, que não podem ser apreciados ou mensurados mediante o mesmo procedimento da subsunção.

4.6. Da crítica ao modelo dos princípios

A direção da pesquisa de Perelman sobre a lógica jurídica permite ir além na reclamação de uma metodologia apropriada às ciências da sociedade, pois, além de propor um modelo de explicação de como se opera o raciocínio do direito, abre-se à hipótese de que a forma de agir no direito *pode* encerrar um projeto, uma teleologia, o que demanda uma reconsideração metodológica radical, uma vez que, no direito, o objeto se mostra mesmo como o resultado da ação do sujeito.

O trabalho de Perelman desvela a porosidade do tecido do direito, quando demonstra que no *fazer*, no processo decisório que escreve a realidade do modo de ser do direito, há um componente potencial do arbitrário, do inusitado. A evolução das provas no direito permite a Perelman sustentar uma diferenciação importante entre o raciocínio jurídico e os fundamentos e métodos universalizados pela revolução científica.

A partir da evolução da prova no direito, Perelman sustenta que a estrutura do pensamento que permite a decisão judicial mostra-se diversa da investigação científica. No direito, se destaca a validade e aceitabilidade das premissas, não sua correspondência com a verdade; a definição de suas premissas faz-se mediante atos/procedimentos, razoavelmente arbitrários, como as presunções legais e as presunções comuns, que concedem vantagens a uma das partes sobre a outra e só se justificam em valores. Nesta seqüência, o fundamento revela sua natureza espiritual.

O autor prossegue na desconstrução da lógica jurídica. O caso do judiciário consubstancia o binômio fatos/normas mediante uma relação de subsunção que concede uma qualidade especial aos fatos. Entretanto, nem os fatos, nem as normas dispõem de um sistema capaz de oferecer ao juiz um procedimento seguro para a decisão. Enquanto há fatos que são claros, tendo em vista sua equivalência à norma, há outros que ante ela são vagos, o que dificulta a qualificação.

O mesmo se dá com respeito às normas. Elas podem ser aparentemente claras, como o caso das regras de prescrição aquisitiva ou decadencial; mas, igualmente, há situações nas quais a definição do conteúdo da proposição normativa revela-se vaga, imprecisa, como quando recorre a expressões do tipo "eqüidade, interesse público, urgência, bons costumes", nas quais a significação mostra-se aberta por natureza. Na ausência de uma significação padrão, a norma deixa uma abertura considerável à apreciação do magistrado.

Não são situações desprezíveis. Entretanto, Perelman pretende evitar a conclusão de que o direito, malgrado consubstanciar um processo racional, não possa justificar plenamente a sua racionalidade, abrindo-se desta feita a processos não-racionais. O objeto é plantear um modelo teórico capaz de demonstrar a racionalidade constituinte dessa prática social.

No primeiro capitulo, pretendemos mostrar o esforço do pensamento jurídico para se adequar a uma posição científica, mediante o racionalismo, ou o empirismo clássico, ou ainda uma perspectiva mais estreita, mas não menos eficaz, racional e lógica, como o foi a fórmula da exegese, direções para as quais a perspectiva do sujeito e da racionalidade encontravam-se plenamente justificadas no modelo defendido.

O argumento de Perelman requer a desconstrução do que essas escolas do pensamento consagram: sustenta que mesmo elas, em uma série de momentos, recorrem a métodos indutivos, e não exclusivamente dedutivos, como o caso da visão funcional do direito para obter a intenção que conduziu o processo legislativo.

A teoria pura do direito é um sistema mais complexo e merece maior esforço de desconstrução. Ela considera a vontade livre do sujeito, mas sob os limites da norma, excluída, com a liberdade, como elementos do sistema: elementos que não compõem, por esta razão, o campo de investigação da ciência do direito, afeita aos temas da legalidade e validade dos atos jurídicos. Assim, a teoria pura pretende subtrair o problema dos valores do direito, afeitos ao sujeito – excluído do sistema – atendo-se aos rigores de um conceito formal do direito, mas mitigando o conceito de autonomia do sujeito.

Perelman observa, entretanto, que o sistema da teoria pura se abre em pelo menos duas direções. Primeiro não é absolutamente hermético, nem puramente formal, como se poderia supor. O sistema é concebido em uma dinâmica especial na relação entre normas à qual não se pode adjetivar como uma relação lógico-formal, pois uma norma não é decorrência necessária de uma outra norma, como num engendramento lógico. A dinâmica do sistema de Kelsen, segundo Perelman, toma por pressupostos uma posição de autoridade e uma posição de liberdade,[117] consideradas no limite do sistema e ainda uma "adesão pressuposta a uma norma fundamental, a

---

[117] Aqui o conceito de autoridade não se vincula ao sujeito da autoridade, e idéia de liberdade está presa, vinculada ao espectro alcançado pela norma. A liberdade está vinculada à norma.

Grundnorm, que será a Constituição original".[118] A incongruência desse sistema configura-se na seguinte oposição: ao lado de um elemento indeterminado e aberto na dinâmica do sistema (quer no que atine à produção da norma, quer no que respeita ao fundamento do mesmo sistema) reside uma clausura ao mesmo sujeito, à liberdade (e, por conseqüência, aos valores que cria ou a que se filia).

Outra indeterminação associa-se a esta incongruência. O direito não é um sistema dedutivo, e sim dinâmico: tem na decisão da autoridade, em posição de liberdade, um pressuposto de gênese e de aplicação da norma. E chega-se, assim, a uma inflexão quanto à razão estruturalista ou funcionalista da decisão judicial: esta decorre sempre do grande sistema, que tem a premissa maior na vontade da nação. O direito como sistema dinâmico credita à decisão um papel diferenciado e peculiar, não mecânico, e, sobretudo, indeterminado no sistema.

As concepções funcionais e sociológicas, segundo o autor, não lograram superar os impasses da teoria pura do direito e permaneceram subsidiárias ao paradigma das ciências da natureza, equiparando os fenômenos sociais aos fenômenos naturais, assim como mantiveram excluídas de seu objeto as vontades, os valores e as aspirações dos homens. O fato novo que conduz ao abrandamento das fortes e hegemônicas concepções da teoria pura é identificado em duas direções entrecruzadas em vários sentidos: o fenômeno representado pelos Estados totalitários e a emergência dos princípios, abrindo caminho para a sustentação da tópica.

A emergência do Estado nacional-socialista evidenciou a figura de leis injustas e a ruptura da equação Lei=Lei, assim recolocando à lei, *em tese, o atributo da justiça. Abriu em crise o caminho à emergência do debate jusnaturalista*, da possibilidade da ocorrência de um sistema pressuposto a conferir legitimidade ao sistema de direito positivo. O autor verifica esse "retorno", mas o nega, tendo em vista o caráter universal do direito natural racionalista e o caráter histórico dessa retomada. De qualquer maneira, deve-se considerar que o fato dessa retomada teve o significado efetivo de erodir a força das concepções jus positivistas.

Mas a força com que essas questões foram retomadas, observa Perelman, impõe ao modelo de decisão judicial um *plus* de responsabilidade ou de virtude, tendo em vista a demonstrada insuficiência do esquema de justificação interna da decisão, recolocando-se com força o problema do valor da decisão. Essa consideração, se não

---

[118] PERELMAN, C. *Lógica Jurídica*: nova retórica. São Paulo: Martins Fontes, 2000, p. 91.

resolve os problemas já existentes, coloca outros. Se a conformação à lei não é satisfatória, pelo menos define um parâmetro aceitável e, em tese, de caráter objetivo e público. Essas características não ocorrem quando se considera como fundamentos as noções de justiça e eqüidade, que, por sua vagueza, podem conduzir a subjetivismos exagerados, do que também não está livre a jurisprudência: o problema da apreciação subjetiva, que contraria a segurança jurídica e concorre à arbitrariedade e a um privatismo decisional.

O recurso aos princípios, presente na jurisprudência, oferece um modelo importante aos impasses presentes no debate acima. Os princípios associam à subjetividade, presente de forma especial no sistema, a força do elemento objetivo, fugindo assim ao formalismo, pois não se ajustam à pura fórmula. Da mesma maneira, se não dispensam o método dedutivo como recurso de interpretação possível, possuem na indução o método por excelência.

A jurisprudência oferece esse modelo. Todo o processo judicial encerra o pressuposto de uma ordem jurídica preexistente. As soluções procuram evidenciar a coerência no estado da legislação. A jurisprudência mostra em especial, também, que por várias ocasiões as decisões se mostram incoerentes com a legislação, e mesmo entre elas. Nesses casos, "A justificação encontrada invoca um princípio geral, que nenhum texto formula expressamente, mas do qual o direito positivo fornece vários casos de aplicação. Tal princípio pode, portanto, ser extraído por uma indução amplificadora e fornecer a solução de casos não previstos pela lei. Pode-se assim dizer que esse princípio geral encontra seu fundamento na lei".[119]

O fundamento do princípio está na lei porque é o direito positivo que fornece os casos de aplicação. Portanto, se a lei não permite a dedução dos princípios – porque eles não são sempre de natureza objetiva, positiva – e os princípios, como fundamento, estão ali presentes, pode-se concluir que estes, de uma forma especial, compõem o sistema de direito. É a conclusão. Perelman supõe que já a escola da exegese poderia tê-los admitido e afirma que, após 45 e os julgamentos do Tribunal de Nuremberg, "os tribunais recorrem com uma freqüência cada vez maior e mais abertamente aos princípios gerais do direito, comuns a todos os povos civilizados",[120] emergência da qual outros problemas são decorrentes, como o conflito entre princípios.

---

[119] PERELMAN, C. *Lógica Jurídica:* nova retórica. São Paulo: Martins Fontes, 1998, p. 102.
[120] Ibid., p. 102.

Essa realidade deve, para ele, repercutir na dogmática, que deve "fornecer argumentos que permitirão aos advogados, e, principalmente, aos juízes eleger uma posição e fundamentá-la no direito", o que, mais uma vez, dividirá opiniões entre os que crêem em uma criação jurisprudencial ou em apenas uma declaração, pelos juízes. Para Perelman, entretanto: "Na verdade, não se trata nem de uma criação arbitrária nem de simples constatação, mas de uma situação intermediária".[121]

Alguns autores contemporâneos, em suas pesquisas, têm por objeto a prática judiciária, como J. Esser e R. Dworkin. Com Esser, considera-se importante o fato de que os métodos de interpretação não guarneceram os juízes de um guia seguro, pois nenhum sistema pode, a *priori*, indicar um método seguro, sobre o raciocínio a seguir em um caso concreto. Fica o problema diante do qual, indica, Esser procura uma teoria extraída da prática judiciária, para permitir uma interpretação consciente de buscar uma solução justa, conforme a natureza do problema.

Por solução justa compreende uma solução "juridicamente satisfatória", que considera os valores como guia, não em um julgamento subjetivo, mas intersubjetivo. Mitiga com isso o perigo da arbitrariedade e resolve o problema da dedução silogística do raciocínio jurídico, que deve levar em consideração as instituições, em um comportamento dialógico.

4.7. Novamente a retórica

A teoria pura considera a intervenção da consciência do juiz. O problema insuperável é que as razões veiculadas por essa consciência escapam ao controle da ordem jurídica, mas a teoria pura só as considera nos limites do sistema; na prática, esse modelo teórico exclui essas razões do âmbito do direito e incide num déficit de representação. A jurisprudência mostra o valor das justificações não-positivas para as decisões judiciais. Essa pesquisa tem a vantagem de evidenciar a presença dos valores na ordem jurídica e também que o sistema está aberto a arbitrariedades e subjetivismos, minando sobremaneira os princípios da democracia. Perelman prossegue à perspectiva de um modelo que afirme o uso prático da razão nesse processo.

---

[121] PERELMAN, C. Op. cit., p. 112.

Essa direção implica considerar, ainda que em possibilidade, que outros elementos não propriamente racionais possam contaminar o sistema que conduz à decisão jurídica. Observa nesse sentido que:

se de acordo com Esser, Krile e Struck, os juízos de valor relativos à própria decisão são insuprimíveis do direito, porque guiam todo o processo de aplicação da lei, já não se pode desprezar a questão de saber se tais juízos são a expressão de nossos impulsos, de nossas emoções e de nossos interesses e, portanto, subjetivos e inteiramente irracionais, ou se, ao contrário, existe uma lógica dos juízos de valor (...)[122]

Daí a preocupação de estender o uso prático da razão, mediante uma elaboração metodológica que permita "pô-la em prática elaborando uma lógica dos juízos de valor que não os fizesse depender do arbítrio de cada um".[123]

Nessa direção de pesquisa, o autor parte do lógico Gottlob Frege – que se apóia na lógica matemática para evidenciar a possibilidade da demonstração rigorosa de teoremas –, para refletir sobre a possibilidade de uma lógica dos juízos de valor. Após um resultado negativo, recorre às técnicas de argumentação, cuja finalidade é a da persuasão e do convencimento. Diante dessa conclusão, a retomada da retórica permite compreender a prática argumentativa e propor a ampliação da racionalidade.

A retórica retoma a definição de Aristóteles que a associa às técnicas discursivas que visam à realização de fins de persuasão, cujo "objeto é o estudo das técnicas discursivas que visam a *provocar ou a aumentar a adesão das mentes às teses apresentadas a seu assentimento*".[124] (grifos de Perelman)

O processo de persuasão pressupõe em duas direções o discurso e o acordo prévio. Estas direções estão articuladas, porque o acordo é, em si, condição do discurso, pois já estabelece, por exemplo, significações básicas e padrões de compreensão na esfera da linguagem, dentre outras. O acordo é uma condição preliminar da retórica. Partindo de um acordo prévio – e de uma prévia adesão –, o discurso visa a obter adesão. Nessa direção, ele diz respeito mais à adesão do que à verdade.

A nova retórica tem na noção de auditório outro conceito essencial. Em simples definição, é o público que se procura persuadir e conquistar a adesão. No auditório, o enquadramento nas definições de orador e auditório desenha a organicidade política de uma so-

---

[122] PERELMAN, C. Op. cit., p. 135.

[123] Ibid., p. 137.

[124] Ibid., p. 141.

ciedade. A rigor, qualquer sociedade organizada segundo padrões de racionalidade pode lograr êxito de se representar conforme esse esquema, bem como explicar sua estrutura e funcionalidade e ainda justificá-las. Anota *en passant* que, em uma sociedade política, nem todas as pessoas são oradoras, que os papéis de orador e de público se definem por regras institucionais e que "a livre circulação de idéias existe apenas em alguns países privilegiados" e conclui que "já é significativo que se procure ganhar nossa adesão".[125]

A relação entre orador e auditório é uma relação entre espíritos e requer uma linguagem comum como pressuposto da adequação do discurso ao auditório e, afinal, a compreensão dos argumentos pelos ouvintes. Considerando um auditório particular, é razoável pensar em domínio da linguagem por seus participantes, a exemplo de um auditório composto por uma comunidade científica. Um auditório ampliado, entretanto, ou o auditório universal, impõe problemas à compreensão e à conseqüente adesão pretendida. A pluralidade requer uma linguagem suficientemente aberta que permita a compreensão/adesão, o que incorre no risco da vulgarização. A esse problema, a nova retórica parece apresentar uma saída técnica que permite um processo massivo de persuasão.

Para a partilha de signos comuns por um auditório, concorrem vários processos. Perelman destaca os três gêneros oratórios em Aristóteles (o deliberativo, o judiciário e o *epidictico*) para estabelecer uma discordância referencial. Aristóteles considera que a oratória *epidictica*, diferentemente dos gêneros deliberativo e judiciário, resume-se ao espetáculo: não tem como propósito conduzir a alguma decisão. Recorrendo à obra literária, entretanto, considera que as reconstruções históricas dessa oratória concorrem para a criação de uma "comunhão em torno de certos acontecimentos (..) cuja valorização caracteriza a cultura de uma sociedade".[126] Ou seja, os argumentos de tipo *epidictico*, se não instruem decisões típicas dos processos deliberativos e judiciários, são fundamentais na formação, na constituição de uma base valorativa, e o fazem segundo uma estrutura diferenciada, que é, entretanto, valor e verdade para uma dada sociedade. Gadamer.

Assim, a adesão do auditório requer como elemento essa base, herança espiritual que atravessa o tempo em gerações. Não a alcança a epistemologia positivista. O autor parece ver no gênero de oratória *epidictico* uma via de aproximação possível a dimensões espirituais não naturais, mas constituídas em períodos de tempos não-memo-

---

[125] PERELMAN, C. Op. cit., p. 145.

[126] Ibid., p. 148

ráveis. Neste contexto, não apenas reafirma os valores como elementos inextricáveis do direito, definindo-os como premissas, como pressupostos, mas também ensaia uma metodologia para possível aproximação, mediante o gênero de oratória indicado. Diga-se que esse mesmo caminho será trilhado por R. Dworkin para discutir a reconstrução do direito pelas gerações posteriores.

Com essa direção chega a uma oposição importante a correntes do pensamento filosófico. Para Perelman, "sem os sentimentos de amor, de respeito, de admiração dos quais o educador se serve para realizar essa transferência, ele só pode agir mediante a ameaça ou a promessa de uma recompensa, utilizando a vara ou a cenoura – proverbiais".[127]

Perelman observa que as reflexões consagradas até agora ao raciocínio prático, à deliberação, à lógica dos juízos de valor deram ênfase ao aspecto instrumental, tiveram apenas valores instrumentais, insistindo no aspecto técnico e descuidando das questões relativas aos fins: o valor dos fins jamais era discutido ou posto em questão. Esse método pode ser suficiente quando falamos de uma concepção de bem predominante, largamente hegemônico, o que não ocorre em uma sociedade de valores pluralistas, pluralismo de valores e de normas que a filosofia ocidental sempre procurou eliminar, graças a uma sistematização e a uma hierarquização que se pretendia objetiva, de todos os aspectos do real. O que a filosofia tradicional traz como elemento de deliberação corresponde, pois, à sua própria ontologia, confirmada no nível da deliberação, que deve, no ato deliberativo, confirmar a verdade essencial de todas as coisas. Portanto, traz o cotidiano das decisões, reafirma a ontologia e é transformada, segundo essa correspondência à essência, em questões de essência e aparência e de verdade e erro.

O que não é essência e verdade está automaticamente desqualificado, desvalorado; falta-lhe objetividade, verdade, essencialidade, materialidade, enfim: o que, nesta visão, de fato possui valor. A construção de Perelman mais uma vez afasta-se dos pressupostos ontológicos do racionalismo e do empirismo clássicos. Ele visa a um deslocamento da problemática ontológica, identificando que os processos sociais tomam outros pontos de partida, o que para ele pode abrir à possibilidade de um modelo pluralista do ponto de vista dos valores da sociedade. Ele mesmo esboça essa finalidade, de uma proposição não ontológica, pelo que recorre a uma perspectiva procedimental.

---

[127] PERELMAN, C. Op. cit., p. 148.

O autor não visa, em sua análise, ao que é arbitrário ou ao que não é "racional". Ele parece jogar luz sobre um campo tradicionalmente visto como "arbitrário", "irracional", afeito a "emoções" etc., para verificar aí a presença de elementos objetivos que se prolongam na constituição dos valores. Não se deve afirmar, portanto, que Perelman vislumbre em suas pesquisas uma natureza irracional ou arbitrária dos valores. O autor procura dissecar, em um corpo tido por irracional, os tecidos que dão materialidade aos valores, fazendo-o mediante a investigação do processo de argumentação.

4.8. A nova retórica

A nova retórica, como observa Perelman, trata do estudo das técnicas discursivas e visa a maximizar a adesão. Não se pretende associada a fins, é, nesse sentido, instrumental, um meio. Como técnica, requer a amplitude de recurso ao maior número de variáveis, dentre as quais variáveis antes julgadas como pertencentes à esfera do não racional, das subjetividades, agora reinterpretadas como pertinentes ao campo do racional.

Os conceitos articulados para a otimização dos processos de adesão procuram compreender sempre uma dimensão positiva. Nesse sentido, o conceito de "comunidade cultural" encontra-se associado aos conceitos de auditório, de história, de linguagem e de razão. A história é um estrato real, um dado objetivo, "onde" se consubstancia uma dada comunidade cultural. A linguagem é resultado da história, que se reproduz, a ela mesma e à comunidade cultural, reproduzindo a significação do mundo mediante a imposição/educação de uma linguagem. Linguagem e história estão assim associadas, o que dá à linguagem um vínculo razoavelmente sólido e estável de significação.

Talvez seja, nesse sentido, a afirmação de que uma língua natural ou técnica não é nem necessária, nem arbitrária. Mediante o vínculo histórico, compreende-se que uma língua não seja arbitrária, eis que as normas padrões de significação estão sancionadas pela comunidade. No que atine ao fato de que uma língua não é "necessária", necessários são outros elementos de interpretação do sentido em que a expressão é empregada. Em sentido radical, podemos compreender que uma língua técnica não seja efetivamente necessária, ela é também resultado histórico, tanto quanto a sua necessidade, que é, assim, efetivamente, contingência e não verdadeiramente necessidade. Mas, e a língua natural? Ela é contingência? Podemos compreender que os processos de significação sejam contingentes, articulados ao sócio-histórico. Língua, ao que tudo indica, é aqui empregada como expressão de significação, até porque, mais adiante, afirma a língua como um 'instrumento de comunicação indispensável", necessário, enfim.

Quando Perelman articula o elemento razão, a idéia de que a língua não é arbitrária parece tomar um sentido mais forte, indicar que ela jamais seja arbitrária e, portanto, jamais compreenda processos não-racionais, ou que sempre é absolutamente racional. É o que se compreende da afirmação de que os padrões de uma língua não são imutáveis, mas não se pode modificá-los sem razão. A língua parece ser, assim, sempre o resultado de um processo racional, nunca arbitrário.

Outra é a questão da relação entre o fim da argumentação, a adesão, e a verdade. A verdade não é um requisito da argumentação ou do fim a que persegue. A verdade diz respeito à demonstração, e não ao convencimento. O auditório pode compreender a lógica de um processo que se lhe apresenta como verdadeiro, sem que sequer haja necessidade de aderir ao argumento. O exemplo é a demonstração matemática ou, no campo da história, a demonstração da genealogia dos deuses. Mas o auditório pode ainda considerar verdadeiro um argumento não demonstrativo, e nem assim aderir ao mesmo. O que se considera na argumentação é a adesão do auditório e não a verdade da tese. Esta diferença corresponde àquela entre o aspecto demonstrativo e o aspecto argumentativo.

O argumento deve buscar a adesão do auditório e não demonstrar a verdade da sua proposição. Para a adesão, é necessário partir ou considerar teses aceitas pelo auditório. Entretanto, a adesão não visa a confirmar, ao final, o ponto de que se partiu. Seria uma circularidade e conduziria ao mesmo. É o caso do silogismo, que não é uma forma de argumentação, porque se a conclusão estivesse na premissa, a adesão do auditório seria desnecessária, já seria realidade, e não uma meta do orador.

Trata-se o conhecimento prévio de convicções do auditório ou mesmo de hipóteses ou premissas de suas convicções sobre as teses inicialmente aceitas pelo auditório, o que será tanto mais complexo quando mais heterogêneo for o mesmo.

A nova retórica concebe um vínculo instrumental entre razão e senso comum. A razão do senso comum é assistemática, ambígua, confusa, incoerente. A razão filosófica estabelece conexões com a razão do senso comum visando a fugir às suas características, alcançando precisão e certeza. O senso comum encerra um problema instransponível desde ele mesmo. A situação ideal do argumento, ou a realização de sua finalidade, a adesão do auditório, requer o deslocamento do senso comum para uma razão depurada de suas imprecisões.

Nestas circunstâncias, o lugar comum é a reunião de elementos característicos do senso comum, que encerram princípios, valores, pontos de vista, e que permitem à argumentação identificar, no auditório, as teses iniciais, as teses já aceitas, e, ao mesmo tempo, abstrair destas elementos "claros", "precisos", capazes de conduzir à aceitação da tese veiculada que visa à adesão/persuasão. "Os lugares-comum são, em relação ao pensamento não especializado, o que são os lugares específicos em relação a uma disciplina particular".[128] É o que corresponde aos princípios iniciais no pensamento não especializado, aos princípios gerais do direito, na disciplina jurídica.

E mais:

> os lugares-comuns desempenham na argumentação um papel análogo ao dos axiomas em um sistema formal. Podem servir de ponto inicial justamente porque os supomos comuns a todos os espíritos. Mas, diferem dos axiomas porque a adesão que se lhes concede não é fundamentada na evidência deles, mas, ao contrário, na ambigüidade deles, na possibilidade de interpretá-los e de aplicá-los de modos diversos.[129]

A adesão que se concebe a partir dos axiomas é fundamentada na evidência: os axiomas são evidentes, claros, precisos, racionais, em uma palavra, são um lugar-distinto, ao invés de um lugar-comum.

O orador, visando à adesão do auditório, deve partir de teses iniciais, aceitas pelo auditório. Os pontos de partida podem ser fatos, valores, lugares comum. O orador *escolhe* dentre elementos já dados. A escolha é um procedimento de certa maneira arbitrário, mas os elementos postos para eleição, não; estes já se encontram dados na comunidade e, de certa maneira, se dão à eleição e se impõem no resultado. Por esse reconhecimento, o autor abranda o caráter arbitrário da escolha, distinguindo a natureza racional deste ato, isolando do mesmo qualquer conteúdo não racional.

A escolha confere presença aos elementos escolhidos, coloca-os "em primeiro plano na consciência dos ouvintes", foca luz sobre os objetos selecionados e obscurece – mediante o esquecimento, por exemplo –, os demais. Essa operação recoloca a questão da verdade

---

[128] PERELMAN, C. Op. cit., p.158.
[129] Ibid., p. 159.

na argumentação, demonstra como a verdade deixa de ser uma condição do argumento, pois a verdade pode não ter presença e, nesse sentido, não ser. Ela dá lugar ao objeto focado, que pela luz vem a ser.

Outra questão é a qualidade do objeto eleito, se requer uma especialidade para merecer a atenção e ganhar presença, se requer, por exemplo, similitude à verdade, ou se obedece a outras circunstâncias, livres da verdade e, portanto, do "ser" na perspectiva da ontologia herdada, que considera a sua preexistência. É certo que a constatação de que a eleição, escolha, do objeto, confere ao mesmo presença, indica que, pelo menos na esfera da argumentação, o ser é vir-a-ser, ganha presença por um ato, uma criação do sujeito. Como inexiste relação necessária entre o que vem a ser por este ato e a verdade, concebe-se a hipótese de uma outra ontologia, onde os objetos efetivos e reais são tecidos da criação do homem.

O autor refere-se à possibilidade de que uma argumentação seja colocada de forma inconsciente, quando discute a diferença entre o pensamento filosófico e o pensamento jurídico, cuja finalidade é a de apoiar decisões, pelo que deveria ser de utilidade a todos quantos se interessem pela filosofia prática. Nesse momento, afirma que, "tratando-se as noções como instrumentos adaptáveis às mais diversas situações, já não haverá mais razões para buscar, ao modo de Sócrates, o verdadeiro sentido das palavras, como se houvesse uma realidade exterior, um mundo das idéias, às quais as noções devem corresponder".[130] Para a filosofia prática, tanto quanto para o pensamento jurídico, a questão do sentido das palavras deixa de ser um problema teórico, passa a uma questão de natureza prática.

O autor não radicaliza essa interpretação. Para ele, os objetos preexistentes condicionam sobremaneira a escolha, o que é correto; mas esse condicionamento, além de estreitar a liberdade do orador – no que se refere aos objetos –, estabelece ainda que estes só podem ser manipulados desde uma perspectiva racional. Conferir presença, para o autor, é uma escolha tipicamente racional, e mesmo técnica, realizada por quem domina as técnicas do argumento – que não é o mesmo que conhecimento na perspectiva tradicional.

O autor trabalha com a idéia, já delineada, de que uma comunidade – auditório – define-se pela existência de um consenso fundamental a respeito de valores ou de pré-noções, consenso este que não alcança, entretanto, o nível prático, a esfera de resolução de casos práticos, de decisões de conflitos sobre como tais valores e no-

---

[130] PERELMAN, C. Op. cit., p. 164.

ções devem ser resolvidos. Os valores e/ou pré-noções conformam o ponto de partida da boa argumentação, constituem as teses aceitas de início pelo auditório, das quais partem os oradores para alcançar a desejada adesão do seu público. A qualidade desse consenso dá à aceitação prévia uma característica aberta, que a afasta da premissa, o que daria circularidade à argumentação, fazendo desta um silogismo e não uma autêntica argumentação, pois a "adesão" já estaria previamente resolvida. O acordo prévio justifica o auditório, justifica o fato da divergência tanto quanto o da unidade dessa divergência. Permite ainda considerar a argumentação como um recurso racional capaz de construir modelos do pensamento, a partir das noções prévias, dos valores aí presentes e também de parâmetros de resolução de conflitos, como os pensamentos filosófico e jurídico.

O autor parece trabalhar com dois conceitos de linguagem, pois, no nível da comunidade, o pré-acordo estabelece uma inteligência ampla dos signos disponíveis; já na esfera da argumentação, parece implicar uma inteligência fechada, necessária à adesão. Considera aqui a diferença entre os discursos filosóficos e os discursos jurídicos. Enquanto os argumentos filosóficos são abertos e não indicam ou garantem um acordo sobre as soluções propostas, "é essencial que os litígios terminem num lapso de tempo razoável para que se alcance a paz judiciária. São necessárias, portanto, soluções que possam intervir definitivas".[131] Os discursos jurídicos requerem o reconhecimento de uma forma de resolução de conflitos e a confiança nas instituições judiciárias, cuja autoridade reconhecem e cuja competência não contestam.

A instituição do judiciário é o *locus* privilegiado da argumentação jurídica. Nesse âmbito, destacam-se a autoridade e a competência, termos compreendidos no conceito amplo de poder, e a aceitação ou o assentimento da argumentação. É este o âmbito da condição e da eficácia do argumento jurídico. O caráter libertário e racional desse argumento requer como condição o recurso à instituição do poder. Apoiado na instituição, o exame do argumento jurídico considera necessariamente os fatores de conflito e de unidade da instituição. Entrecruzado desses fatores, o argumento jurídico não pode ser puro, pois insere-se em um ambiente cultural do qual não pode ser separado. O conflito potencial existente nessas forças subjacentes a esse ambiente é o que dá sentido ao caráter prático do raciocínio jurídico.

A estrutura da argumentação está afeita à natureza de seu objeto. Perelman procura demonstrar que a argumentação jurídica parte

---

[131] PERELMAN, C. Op. cit., p. 167.

de um importante consenso prévio, conformado por valores comuns da comunidade. Mas esses valores não constituem premissas de decisão, segundo a estrutura do silogismo, eles apenas constituem as pré-noções de uma dada comunidade. Há um acordo sobre os valores, mas um desacordo sobre o que dizem em casos concretos. Esse acordo/desacordo permite o desenvolvimento da racionalidade filosófica e da racionalidade jurídica: a primeira destinada à reflexão em torno dos valores, e a segunda destinada a fundar decisões capazes de manter o acordo preexistente em um nível importante e de apoiar a reprodução e a estabilidade da comunidade.

É importante destacar que essa condição do argumento, da existência a partir de concepções previamente aceitas pelo auditório, não obedece a essa natureza diferenciada entre os objetos do pensamento jurídico e o raciocínio filosófico. O raciocínio teórico pode ser de natureza formal, o raciocínio jurídico, dada a sua finalidade, a sua natureza prática, não. Um e outro raciocínios não são capazes de alterar a natureza do acordo consubstanciado pelas pré-noções O recurso ao raciocínio formal para interpretar questões relativas a valor evidencia a concepção errônea dos objetos de valor. Confusão entre esses tipos diferentes de raciocínios implica, pois, em estruturas diversas desse raciocínio.

Boaventura[132] identifica que a nova retórica de Perelman pressupõe que: a) a ação é toda racional, com respeito à realização de fins prévios, que, portanto, estão desde o início; b) a ação é, pois, sempre racional, nada escapa a seus objetos/finalidades; c) o auditório não age sobre o orador d'outra forma que não a de um objeto; d) compreende-se aqui, ao tempo da ação do sujeito sobre o meio/auditório, um sujeito orador separado do auditório, interventor; e) a argumentação é, neste sentido, técnica, revelando uma racionalidade de tipo instrumental; f) enquanto tal, pode ser compreendida na dominação colonizado/colonizador, própria da racionalidade cognitivo-instrumental.

Tendo por objeto a crítica à filosofia da ciência moderna, Boaventura considera que também a ciência moderna é retórica, mesmo por sob uma manifesta intenção de negar essa condição. Para Boaventura, não há uma oposição entre a retórica e a filosofia da ciência, o que parece não ser identificado por Perelman.

Nessa linha de investigação, os métodos científicos fazem as vezes de argumentos e concedem àqueles que os dominam – os cientistas, os *experts* – uma competência que excede a excelência da

---

[132] Cf. SANTOS, B. *Para um novo senso comum:* a ciência, o direito e a política na transição paradigmática. 3 ed. São Paulo: Cortez, 2001.

técnica, e a finalidade do conhecimento para o qual se habilita. O conhecimento apresenta-se como estritamente pessoal. Entretanto, a verdade fiduciária aí implicada, associada ao domínio do saber, concede aos seus possuidores o poderoso argumento de autoridade.

O último aspecto da análise da retórica científica relaciona-se com o auditório. Apresenta-se como um conjunto de argumentos dirigidos a um auditório universal, o que lhe permite apresentar-se não como retórica, mas como verdade, como auto-evidência de validade absoluta. Assevera que para o cientista o auditório universal é muito menos importante do que dois outros auditórios particulares, o auditório dos cientistas, a comunidade científica e o auditório dele mesmo (comunidade individual, interior) auditórios nos quais se realiza a práxis científica e que gera uma dubiedade do discurso científico.

A observação de Boaventura segue o caminho da crítica à retórica, especialmente por sua clara filiação e pretensão técnica. Por essa natureza, mantém-se presa à finalidade persuasiva estabelecendo um juízo precário e insustentável de auditório e, por extensão, de comunidade, adequando-se plenamente aos processos exclusivos e às finalidades de manipulação. Nesse sentido, a retórica de Perelman favorece a posição de um sujeito forte, mas de uma sociedade de massa de sujeitos, constituída de sujeito desarticulados e fracos, incapazes de disporem de meios públicos para o exercício de processos de elucidação política.

Nesse sentido, Boaventura aponta que uma novíssima retórica deve acentuar a prioridade do convencimento sobre a persuasão, tendo em vista as características desses tipos de adesão do auditório. A persuasão articula a adesão mais em razão de motivações emocionais e psicológicas, enquanto que a adesão pelo convencimento requer a discussão de boas razões que se avaliam. Esta deve ser uma retórica dialógica, o que requer acentuar a importância do auditório na discussão das boas razões e, sobretudo, uma postura ontológica, de percepção do orador no auditório e não fora dele, superando-se assim a separação e a conseqüente oposição orador/auditório.

Essas duas direções exigem, por certo, a possibilidade da análise crítica das *topoi*, dos fatos e verdades que são o ponto de partida do consenso, premissas de argumentação. Por outro lado, o auditório, na retórica, é a comunidade em permanente formação, e não o outro do orador. Dois pressupostos são aqui considerados: primeiro, no sistema mundial capitalista, a realidade social não pode se reduzir à argumentação e ao discurso; segundo, a retórica não é libertadora por natureza.

AUTONOMIA E NORMA JURÍDICA

4.9. Conclusão

Boaventura considera que as teorias da argumentação não conduzem à superação do senso comum estabelecido pela ciência moderna. Não rompem com o paradigma que as aprisiona. Não transformam a relação com o saber, no sentido do conhecimento-emancipacão, na direção de um senso comum emancipatório, fundado em uma ética solidária e em princípio participativo.

Na realidade, as teorias acima, em breve comento, estão presas a um paradigma e fortemente vinculadas a uma herança ontológica, da qual não se desvencilharam. Essas teorias facilitam a compreensão da particularidade das ciências afeitas mais diretamente ao direito. Como técnica, revelam a complexidade do processo decisório próprio do direito. No seu indissolúvel vínculo com a compreensão da linguagem, abrem-nos as hipóteses de construção e reconstrução de significados que derivam da estrutura normativa do direito e, especialmente, a vinculação das significações possíveis às emoções (aos afetos, enfim) do auditório.

Essas características, que ganham força no pensamento jurídico, têm o significado de uma conquista do pensamento, permitemnos afirmar o caráter aberto da norma jurídica. Mas mantêm intactos alguns pressupostos que, emergindo críticos dessas próprias teorias, devem ser desvelados como aporéticos.

O pressuposto de racionalidade do sujeito e o do sujeito são exemplos onde o vínculo ao pensamento herdado impede a passagem da teoria da argumentação à crítica dos pressupostos conceituais do pensamento jurídico moderno. As teorias da argumentação se firmam numa forte idéia de sujeito e de razão, mas se aproximam de uma realidade impactante. A idéia de auditório e a estrutura de convencimento que se apóia em elementos abertos (significados sob o complexo conceito de desejo, ou sob a imagem de mentes que se conquistam) induzem pensar que os elementos que dominam a vontade do sujeito não podem se abrigar inteiramente sobre uma compreensão de racionalidade pura. As teorias deixam abertas importantes interrogações, flancos à exploração a serem aproveitados pela pesquisa.

Insistindo nessa seara, mitigada a idéia de vontade do sujeito, fundada puramente na razão, chegamos à idéia de autonomia como impossibilidade, de que a norma não é do sujeito e de que o sujeito não adere à norma por pura razão, confrontando o discurso de que a razão pela qual o sujeito acede à norma é o processo da liberdade.

Já esse itinerário da autonomia revela com grandeza o pensamento ontológico, pois para ela a norma deriva de um ser total. Com as teorias da argumentação, por um novo meio, concluímos a necessidade de um novo conceito.

5. A idéia de autonomia em Castoriadis

5.1. Introdução

Nosso percurso até aqui procurou dar ênfase à atualidade da reflexão em torno da ontologia. Pretendemos destacar o alcance prático desse debate, que nos fornece importantes pistas para elucidar as razões da crise da razão – do paradigma moderno, da significação central da modernidade, na expressão de Boaventura de Souza Santos e Cornelius Castoriadis. Estruturado essencialmente a partir da crítica de Castoriadis à modernidade, que se alarga à tradição, à ontologia herdada, procuramos compreender a articulação do direito a essa ontologia mediante a compreensão da norma.

Este capítulo tem por objeto discutir os elementos do conceito de autonomia em Cornelius Castoriadis. Pensamos que o conteúdo que o autor imprime ao termo autonomia seja apropriado para refletirmos sobre a norma jurídica e sua dinâmica. É preciso ressaltar, pois, que nosso trabalho chega a um estágio delicado, pois, ao passarmos de uma reflexão crítica sobre o fundamento de uma teoria, visando a enfraquecer o pilar que a sustenta, para expor em notas muito breves algumas linhas do pensamento no qual nos apoiamos, podemos incorrer no mesmo erro e apresentar esse pensamento como a verdade. Por essa razão, alertamos que o intuito não é a onipotência, de apresentar uma nova teoria total, como abaixo melhor sustentaremos.

5.2. O fazer: a dimensão racional e não racional na ação – por uma ação mais lúcida possível

No período da redação da revista *Socialisme ou Barbarie*, Castoriadis realizou uma releitura do par conceitual consciência/alienação. O contexto de sua primeira elaboração é um rico processo histórico, onde o marxismo demonstrava-se funcional às construções históricas que anulavam seu valor utópico e consagravam uma forma social histórica que tendia à supressão do sujeito.

A erupção de novas formas históricas resultava de um processo que não era nem resultado/expressão da pura consciência (ou de como deve ser a consciência), nem pura alienação – porque aquela formação política era em si o engendrar de uma consciência –; aquelas formas nem mesmo se articulavam necessariamente por palavras. O par de conceitos consciência/alienação remete a situações limites e, por esse motivo, encerra conceitos problemáticos.[133] Castoriadis reelabora essas idéias, até praticamente abandoná-las.

Com efeito, os regimes burocráticos[134] eram resultados materiais do movimento operário, eram, por outras palavras, fruto de inspirações do marxismo revolucionário. Eram também a emergência de um novo *eidos*, uma nova forma, uma criação histórica. A burocracia que se manifestara como positividade da consciência era, então, uma consciência tendente a se emancipar, "uma possibilidade de vitória da abstração ou a consolidação da consciência fantasmática, que, tendo se dissociado do seu próprio corpo, tem, por isso mesmo, a possibilidade de dominá-lo, até ilimitadas dimensões de sua alma".[135] Esse contexto constituiu o laboratório onde Castoriadis seguiu o caminho de críticas e de rupturas.

---

[133] O conceito de autonomia também encerra problemas, Castoriadis recorre a autonomia, como se vê dos artigos publicados na Revista *Socialisme ou Barbárie*, reunidos posteriormente. Destes destacamos especialmente "A fenomenologia da consciência proletária", de junho de 1948. Castoriadis trabalhava inicialmente com a idéia de uma consciência imanente e de um fundamento ultimo a ela. Essa idéia foi seqüencialmente matizada pelo autor que passou a investigar a consciência como se manifestava no movimento operário. A sua observação do movimento operário encerra a idéia de autonomia como fazer que externaliza a dimensão irredutível do em-si do humano. Autonomia vai deixando de ser auto norma no sentido da consciência, para assumir formas de manifestação não necessariamente consciente. É o que traduz a linguagem de seus artigos para captar a manifestação igualmente aberta que se manifesta no fazer (o silêncio e a apatia, crítica silenciosa, por exemplo, que procurava identificar na atitude dos operários frente à burocracia, ou no significado das greves e outros movimentos obreiros).

[134] Trata-se do regime conformado pela Rússia pós-revolução bolchevique. Trata-se de um momento singular na história. Não é exatamente a mesma burocracia descrita por Max Weber, que é funcional ao capital privado e à administração do Estado, com funções aparentemente determinadas socialmente, com códigos conhecíveis, pelo que se define como instituição social do capitalismo. Um corpo social que demanda a definição social de normas, que limitam, por assim dizer, seus movimentos, é claro, num plano de idealidade, de tipo. Castoriadis estava diante, sobretudo, de um instituição, de uma criação da burocracia enquanto deslocamento de significado, enquanto deslizamento da significação originária. Enquanto origem histórica, a burocracia, que não-era para a consciência primitiva, surge como manifestação, positividade, da superação dessa consciência. (...).E depois, no segundo momento da criação da burocracia, a emancipação da burocracia em relação ao seu corpo, ou ao significado instituído pela consciência criadora, com a criação de um sentido próprio de si mesma.

[135] COSTA, Paulo. *Passagem para a alma*, uma leitura da renúncia de Cornelius Castoriadis ao pensamento marxista, dissertação de Mestrado, PUC, RJ, 1997.

Os modelos teóricos políticos de que dispunha viam a si mesmos, uma visão especular que embaralha a crítica fecunda. Mas há ainda o limite próprio da compreensão. A realidade social histórica em seu *fazer*, necessariamente aberto, só é parcialmente representada por formas racionais (racional no significado de saber consciente[136] de sua atividade). A crítica aos modelos teóricos disponíveis no marxismo revolucionário, inserindo o marxismo no campo da modernidade, alargou a apreciação ao saber como possibilidade de compreensão total do seu "objeto". Essa observação forneceu elementos a uma crítica à teoria da história associada exclusivamente ao desenvolvimento da consciência/saber como expressão da razão, estrutura do pensamento herdado que informa a modernidade.

O materialismo histórico não se desvencilhou de uma visão essencialista do mundo, da compreensão do mundo como ordem última, que, assim, compreende as possibilidades da história alternativamente ou cumulativamente como ser/razão/sentido. A idéia de homem, nessa acepção ontológica, está limitada a uma conformação anterior à sua própria existência; o homem realiza (ou não realiza e, nesse caso, também não se realiza), o seu papel histórico.

O projeto moderno desenvolve ao limite o recurso da disjunção entre homem e natureza; esse fantasma vincula-se a outra "imagem", à da natureza bem ordenada, ordem essencial apreensível à razão. O paradigma moderno absolutiza – mas não inaugura, como já visto –, a fantasia da possibilidade da apreensão do essencial mediante mecanismos da razão humana e também que a razão é a única forma legítima dessa apreensão. Falamos de projeto, porque passou a constituir a base – e o fim – de toda a ação/organização da sociedade ocidental. O projeto revolucionário do marxismo guia-se por uma ação dirigida, por uma compreensão da ordem essencial da história universal e particular.

Esse paradigma confere centralidade à teoria porque por ela o "sujeito" apreende o "objeto", o detém – em potência total e em realidade parcial – na direção da totalidade. Essa teoria expressa a razão que alcança a essencialidade do mundo real – na fantasia de sua dimensão última que se conforma como realização parcial, em sua direção. "Marxismo, balanço provisório", Capítulo I, Parte I de Instituição Imaginária da Sociedade (IIS), resume a crítica a essa compreensão de teoria como teoria total; critica a teoria marxista da história, o seu vínculo à tradição filosófica, o seu desprezo da dimensão não teórica do fazer e a absolutização da perspectiva do saber da

---

[136] Definição que se ressalta provisória e necessariamente incompleta.

AUTONOMIA E NORMA JURÍDICA

teoria, uma teoria total, que pode saber, e efetivamente sabe, tudo, do "ser" da história.

Castoriadis colocou em questão o vínculo do marxismo com a modernidade e a concepção ontológica herdada por ambos. O marxismo não questiona a própria matriz ontológica e a toma como um pressuposto não refletido, um axioma que a filosofia moderna já herda do pensamento antigo. O marxismo está condicionado pelo projeto da racionalidade moderna. Esse pensamento se estrutura sobre a disjunção homem e natureza, vincula-se ao mesmo projeto epistemológico de um saber como domínio progressivo do saber de "seu" objeto. Enfim, se motiva igualmente pela utopia do esclarecimento, da razão como saber total de seu objeto. Castoriadis critica essa ontologia, o abandono aos termos ordem/caos e o peso histórico de seus conceitos limites. Em direção oposta, mostrar que pode haver, e efetivamente há, ação consciente sem teoria total. Para compreender essa realidade, propõe estruturas conceituais apropriadas a uma ação política revolucionária e que requerem uma outra ontologia:

> (...) já suspeitamos que, ao obrigar-nos a escolher entre a geometria e o caos, entre o Saber absoluto e o reflexo cego, entre Deus e o primitivo, essas objeções movem-se na pura ficção deixando escapar tudo o que nos é e nos será para sempre dado, a realidade humana. Nada do que fazemos, nada daquilo com o que nos ocupamos é da espécie da transparência integral, nem da completa desordem molecular. O mundo histórico e humano (...) é de uma outra ordem. Nem podemos chamá-lo "o misto", pois não é feito de uma mistura; a ordem total e a desordem total não são componentes do real e sim conceitos limites que abstraímos (...). Elas pertencem a esse prolongamento mítico do mundo, criado pela filosofia há vinte e cinco séculos. E do qual devemos livrar-nos, se queremos deixar de introduzir, no que deve ser pensado, nossos próprios fantasmas.[137]

Essa proposta eleva o fazer humano, compreende a dimensão infinitiva da ação humana, que não se encerra "antes" ou "depois", nem está aprisionada a uma forma dada; compreende a tessitura complexa do instante. Fazer é ação infinitiva e aberta que, não obstante, requer substrato, fundações, sustentações, historicidades, algo próximo do composto: estruturas provisórias-definitivas.

"Esse fazer está sempre em relação com o saber, mas esta relação precisa ser elucidada".[138] Na análise da relação fazer/saber, Castoriadis considera as situações limites da atividade reflexa e da técnica. Na hipótese considerada, a atividade reflexa é cega, não consciente, talvez a mesma hipótese das sensações – e, em alguns

---

[137] CASTORIADIS, C. *Instituição imaginária da Sociedade*, 3. ed. Rio de Janeiro, Paz e Terra. 1982, p. 90.
[138] Ibid., p. 90.

casos, da experiência –, o que em si não permite distinguir o Homem e, por essa razão, não constitui domínio da história.

A técnica é um tipo de atividade racional, onde a questão do saber aparece inteira. A técnica se arrima como saber e:

> sobre um saber exaustivo ou praticamente exaustivo de seu domínio; entendemos por praticamente exaustivo que toda questão pertinente para a prática e podendo emergir nesse domínio seria resolúvel. Em função desse saber e em conclusão dos raciocínios que permite, a ação que se limitaria a colocar na realidade os meios dos fins a que visa, a estabelecer as causas que levariam aos resultados desejados. Um tal tipo de atividade está aproximativamente realizado na história.[139]

No limite proposto, nenhuma dessas atividades permite compreender as atividades humanas. A atividade reflexa não nos distingue. A técnica não realiza o domínio exaustivo prévio que pressupõe; segundo a expressão a que recorre o autor, apenas "aproximativamente".

Além de um fazer que realiza essa composição de conhecimento para resoluções determinadas, há uma direção de projeto, de que todas as ações humanas devem ser dirigidas por este mecanismo, que devem apoiar-se num saber prévio de sua atividade: "em sua realidade histórica, a técnica é um projeto cujo sentido permanece incerto, seu futuro obscuro e sua finalidade indeterminada, sendo evidentemente claro que a idéia de nos tornamos 'senhores e possuidores da natureza' não significa rigorosamente nada".[140] (grifos do autor)

A teoria é um tipo de atividade racional, a mais racional de todas, como a sua forma suprema ou extrema, que é a filosofia. Fazer compreende essas dimensões da atividade racional, as técnicas particulares, a teoria e a filosofia, mas o essencial das atividades humanas não pode ser por elas captado: "Nenhum fazer humano é não consciente; mas nenhum poderia continuar nem por um segundo, se estabelecêssemos a exigência de um saber exaustivo prévio, de uma total elucidação de seu objeto e de seu modo de operar".[141]

Assim: a) fazer é diferente de teoria; b) a teoria é um segmento do fazer humano; c) a teoria emerge quando o momento da elucidação se constitui em projeto; d) momento este em que reside o primado da razão prática; ou seja, e) a razão prática, é, nesse sentido, uma razão elucidada, um fazer racional elucidado em projeto, mas

---

[139] CASTORIADIS, C. Op. cit., p. 91.

[140] Ibid., p. 94.

[141] Ibid., p. 91.

apenas um momento específico, um fazer específico do universo humano.

O conceito de fazer compreende sempre saber. Ressalvamos aqui duas questões: primeiro, que fazer – que compreende o saber em algum nível – não é sempre razão prática, o que deixa implícita a possibilidade de existência de outras formas de saber não articuladas à ação; e também que a teoria é uma atividade racional sofisticada, por natureza, mas não possui e não pode possuir o saber exaustivo de seu domínio. Afasta-se, assim, da fantasia racionalista, que, no limite, tecniciza as relações humanas, como a política, pensando-as como ações dominadas por uma saber exaustivo, conforme estatuto que confere à teoria.

Renunciando aos fundamentos das soluções do racionalismo, empirismo e ceticismo, Castoriadis propõe elementos de uma teoria apropriada à infinitude/abertura de fazer, onde atribui à razão prática o momento privilegiado de projeto de elucidação. Ensaia nessa renúncia algumas linhas de uma ontologia que lhe dê fundamento, bem como uma teoria do conhecimento a ela apropriada.

Todo fazer encerra consciência/saber, mas não há saber absoluto do objeto, exigência que tornaria impossível o fazer. O saber parcial do objeto dá efetividade à ação, como à técnica, à ciência, por exemplo. Saber que o saber é parcial implica reconhecer-lhe lacunas, porosidades, portador de um déficit definitivo (porque estrutural).

É mais amplo o significado dessa descoberta. A máxima do saber que não sabe é insuficiente para explicitar os desdobramentos dessa questão. Porque aí está envolvida uma compreensão de que se sabe, de alguma forma, o que não se sabe; o que não se sabe está pressuposto no fato de que não se sabe.

Saber que o saber é parcial estabelece inteligências diversas. O saber não pode ser classificado como pura contingência, possui maior dignidade em sua fugacidade. Se o saber absoluto, a transparência integral, constitui nosso fantasma produtivo, é alcançado em sua natureza mesma de fantasma; já o saber real e efetivo não deve ser visto pela função que exerceria como degrau na escada do verdadeiro e definitivo saber. Ao lhe subtrair tal função, resta reconhecer sua natureza e a imensa tarefa, de conteúdo ético, de refletir e reorientar sua realidade mesma.

O saber não visa a encontrar um suposto estágio supremo, a verdade de seu "objeto". Além da idéia do saber absoluto, transparência integral, aí expressa, esse hipotético saber pressupõe o que se sabe e quem sabe. Por sob esse expediente conceitual a que recorre o método, se encontram o sujeito e seu objeto, como organismos distintos, segundo a lógica da disjunção. Por essa lógica, própria do método, se atribui a sujeito e objeto uma certa condição instrumental. Mas por essa lógica, também, sujeito e objeto ultrapassam a condição de "mero instrumento", de categorias, de meios à inteligência do processo do conhecimento, perdem sua natureza virtual e conquistam vida própria em realidades distintas, enfim, ganham plena autonomia conceitual. Uma lógica que objetiva a natureza, empobrece o princípio vida e, mesmo sob a afirmação da racionalidade do sujeito cognoscente, desnaturaliza o sujeito.

O sentido da ação, por outro lado, não visa a alcançar o núcleo do ser (onde, a rigor, conforme acima, ele, sujeito, não poderia estar). Nesse sentido, a ação "é-para" é para nada. Dessa maneira, portanto, a solução não pode ser aproximada a uma perspectiva empirista.

O fato de que essa atividade não "é-para" está em relação, repetimos, com a fantasia do saber absoluto, da transparência total. Duas razões poderiam socorrer a afirmação de que não há aproximação com o ceticismo, como poderia levar a crer essa renúncia: porque não se renuncia ao saber, mas tão somente ao saber absoluto, definitivo, essencial; porque o que está em questão aqui é uma nova idéia de ser, que tudo o que é não nos é sempre dado; por outras palavras, que há, sim, o dado, segundo uma ordem de evidência quase natural, a ordem do determinado e da determinação. Tanto quanto ordem, o ser comporta indeterminação. Ordem e caos, pois. E sequer podemos chamá-lo de "o misto", conforme expressão do autor, porque essa denominação já pressupõe uma composição de elementos e os elementos que a compõem.

A direção imediata da proposta é a de um novo estatuto de teoria – contra a onipotência de teoria total – que alimente a ação política revolucionária e vise à adequar a natureza infinitiva de fazer aos conceitos de história e revolução. A psicanálise e o conceito de práxis prestam auxílio a esta empreita. A psicanálise, que constitui um tipo da relação fazer/saber, fornece um modelo de ação consciente não fundada em uma teoria total, o que define como uma atividade prático-poética. Já a práxis tem uma dimensão política: "fazer no qual o outro ou os outros são visados como seres autônomos e considerados como agente essencial do desenvolvimento de sua própria autonomia".[142]

O estatuto de teoria (não total) que alimenta a ação política, fundado na práxis, tem como características se reconhecer um saber:

---

[142] CASTORIADIS, C. Op. cit., p. 94.

a) provisório, entendido em potência, como abertura, não um provisório em sentido temporal, que será, uma vez desenvolvido, definitivo; b) fragmentário, não pode haver teoria exaustiva do homem e da história; c) efetivo/funcional, presta-se ao fim a que se propõe, aos seus resultados; e d) transformador (do próprio saber, do "sujeito" e do "objeto").

Essas características compreendem um "objeto" por natureza aberto, delineiam uma ontologia não "essencialista" e desenham uma arquitetura do conhecimento em Castoriadis adequada a essa compreensão do ser.

Recorrendo à metáfora da construção, a qual recorre no prefácio da obra em análise, estamos diante de um "desenho mágico". Os recursos à psicanálise e à práxis visam a tornar possível um modelo explicativo da dimensão não racional do fazer e apontar uma via a uma ação mais lúcida possível. A utopia desse modelo pretende ser sua articulação com a práxis que "faz o mundo falar numa linguagem ao mesmo tempo singular e universal".[143]

O que faz o mundo falar? O que é uma linguagem singular e universal? Por sob essas questões, assim postas, os conceitos do conídico – da lógica conjuntista identitária – e do *legein*. As pretensões de representação e justificativas respondem à indagação da linguagem singular, mas estão distantes da liberdade absoluta na definição de seus signos; estão presas, por assim dizer, à estrutura que fazem falar, ao que Castoriadis denomina de primeiro estrato natural: essa natureza que fala através do que a faz falar. A natureza que fala pela fala que a compreende, se dá a compreender em sua ordem, em sua regularidade, segundo a lógica conjuntista identitária. Essa aparente boa ordenação, o primeiro estrato natural em sua ordem própria, que se dá ao *legein* como singular, responde à indagação do que é universal, o universal em sua nua natureza.

O que vem a ser ao mesmo tempo singular e universal? Há uma universalidade não universal e uma singularidade plural? Nessa pergunta Castoriadis insinua o conceito de Magma. A natureza, como um magma, é e não é, se insinua, se mostra, mas é composta de regiões e não pode ser reduzida a um de seus componentes, nem a um conjunto destes, nem apreendida pelos elementos do conjunto como na realidade se mostra. A singularidade é constituinte do universal em uma rede complexa e não desvendável que não permite como tal nem uma nem outra dimensão isoladamente considerada, segundo uma significação absoluta, rigorosa, dos termos singular

---

[143] CASTORIADIS, C. Op. cit., p. 95.

e universal. Mas, ao mesmo tempo, requer o singular e o universal como momentos, como elementos da concretude, como corte e como apoio, e também como saber, fragmentário, provisório, segundo a própria idéia de práxis.

5.3. O conceito de autonomia

Na primeira parte de IIS, Castoriadis enfatiza a crítica ao marxismo, denunciando a prisão dessa teoria revolucionária à filosofia racionalista de história. Ao fazê-lo, entretanto, não pretende negar a dimensão racional *na* história. A contrapartida da crítica não é uma "oposição"; a crítica do argumento racionalista não implica necessariamente um outro, de tipo irracional ou não-racional. Tal conclusão resulta de uma inferência, esta sim, de simples e formal raciocínio, distante da riqueza e densidade dos argumentos de IIS.

Podemos pensar que toda a discussão a respeito do conceito de *fazer*, articulada à práxis e ao projeto revolucionário (que ganha um sentido próprio na releitura do sentido individual de autonomia), consiste num importante ensaio de idéias que estrutura toda a segunda parte da IIS.

Primeiro, *fazer* pressupõe a insuficiência do argumento racionalista (e também, porquanto pressupõe o saber total e o ser total, como positividade ou falta, do empirismo e do ceticismo); segundo, tendo em vista o reconhecimento desse fundamento para uma reflexão da sociedade e da história, a análise de fazer oportuniza concluir que o material da sociedade e da história é tecido de um domínio/saber do agir e de algo mais, que não pode ser captado pelas dimensões racionais das atividades humanas. Portanto, não abandona nenhuma dessas dimensões, mas, diferente da onipotência da perspectiva racionalista, que efetivamente nega realidade à dimensão não racional do fazer, compreende ambas as perspectivas como constituintes do fazer humano.[144]

Essa conclusão implica numa demanda teórica importante, um pressuposto que é, propriamente, a aproximação do fazer humano. Na discussão de fazer, como vimos, o autor conceitua suas diferentes perspectivas racionais, mas o problema teórico real é elucidar-lhe

---

[144] Por esse caminho, podemos concluir que a sociedade e a história não constituem adomínio único da razão. Em conseqüência, a idéia da história como esse domínio, como realização de uma razão universal, ou de classe, ou como resultado de um conflito de razões, desnudam-se em suas naturezas míticas.

outra dimensão (não racional) e, sobretudo, a articulação entre as duas "esferas", racionais e não racionais, deste fazer.

Em "passagem para a alma", afirmávamos que o autor tem uma importante referência na idéia de autonomia, recorrendo a essa noção em seus artigos que analisavam a realidade política do movimento operário revolucionário nas décadas de 40 e 50 (período da *socialisme ou barbárie*"). Refletimos acerca da fundamentação filosófica daquele primeiro sentido de autonomia; da predominância da dimensão política; dos deslocamentos sucessivos do sentido de autonomia (a partir da introdução de uma reflexão da teoria da linguagem e da psicanálise); e, especialmente, de como a idéia de autonomia substitui a oposição consciência x alienação, central no pensamento marxista.

Em IIS, Castoriadis recorre mais uma vez à autonomia, com ênfase na passagem do sentido individual ao social, articulando-a ao imaginário e à forma de ser desse imaginário; por essa sucessão de definições e articulações, confere à noção de autonomia o estatuto de pressuposto epistemológico de uma nova ontologia, não apenas um fundamento da crítica ao racionalismo do pensamento herdado. Autonomia se presta a esse papel, especialmente porque não é, em nenhum instante, um conceito fechado, uma idéia acabada; é, sobretudo, precária, crítica, seus pontos de sustentação sofrem alterações diversas no tempo e no espaço, perceptíveis ou não.

A autonomia constitui o pressuposto da proposta conceitual de fazer e da compreensão de um saber a ela apropriado, especialmente, considerando que o objeto imediato de Castoriadis era, como sempre, uma ação revolucionária, mas fundada em pressupostos não racionalistas.

Autonomia é pensada a partir de uma releitura crítica da máxima "onde era o id será o ego": aí ego tomaria todo o id, numa assimilação do inconsciente pelo consciente. Castoriadis destaca a permanência do inconsciente, mas segundo uma relação de equilíbrio. O que a práxis visa é ao "equilíbrio" das dimensões consciente/inconsciente, com o reconhecimento da "abertura", fluxo em potência, de construção/reconstrução do sujeito.

É essa visão de autonomia como projeto de elucidação que define o conteúdo do projeto revolucionário. Com isso, diferencia projeto e atividade do sujeito ético, apresentando em conseqüência repercussão desse conceito de autonomia no que respeita à ética. A atividade do sujeito ético:

(...) é guiada – como o navegador pela estrela polar, segundo a famosa imagem de Kant – pela idéia de moralidade, mas encontra-se ao mesmo tempo a uma distância infinita desta. Existe pois não-coincidência perpétua entre atividade real de um sujeito ético e a idéia moral, ao mesmo tempo em que existe relação. Mas essa relação permanece equívoca, pois a idéia é ao mesmo tempo fim e não-fim; fim porque ela exprime sem excesso ou falta o que deveria ser; não-fim, porque, por princípio não é possível que ela seja alcançada ou realizada. Mas o projeto visa sua realização como momento essencial. Se existe defasagem entre representação e realização, esta não é de princípio, ou melhor, provém de outras categorias que não a separação entre "idéia" e "realidade": ela se refere a uma modificação tanto da representação quanto da realidade. O que é, a este respeito, o núcleo do projeto, é um sentido e uma orientação (em direção a) que não se deixa simplesmente fixar em "idéias claras e distintas" e que ultrapassa a própria representação do projeto tal como poderia ser fixada a qualquer momento.[145]

Ao enfrentar o problema da relação entre autonomia e alienação, Castoriadis toma por referência o conceito freudiano de autonomia, recorre à reflexão freudiana da relação consciente x inconsciente e daí estabelece os pontos de partida, tanto para uma crítica ao modelo individual de autonomia quanto para a crítica à perspectiva da afirmação do sujeito individual como pressuposto da autonomia na sociedade e na história, vale dizer, para a crítica à (in)compreensão de autonomia e de heteronomia na instituição social no tempo.

Resuminos esses pontos, alguns presentes em IIS, outros refletidos a partir da obra:

a) o inconsciente, como instância que representa o outro que age em mim, não pode ser suprimido;

b) esse inconsciente pode representar um papel e uma função em alguma patologia, casos em que, talvez, terapeuticamente, a sua elucidação, ou o seu domínio, constitua uma terapia efetiva, que conduza à cura do paciente;

c) dessa circunstância, entretanto, não se pode concluir que o inconsciente seja "patológico", nem mesmo em certo sentido; que sua presença seja, por isso, indesejável, porque ele é "fonte", "origem", tanto de patologias quanto de "imaginação";

d) assim, ele reafirma, que, como lugar da imaginação, o inconsciente representa um papel vital ao indivíduo;

e) que, portanto, não tem sentido a supressão da instância inconsciente. Aliás, é mais que um projeto sem sentido, porquanto encerra em si o duplo problema, uma vez que não reconhece uma dimensão de vida, de criação de sentido e porque, ao indicar a ne-

---

[145] CASTORIADIS, C. Op. cit., p. 97.

cessidade de seu definitivo encobrimento, aponta mesmo ao enfraquecimento do indivíduo.

f) Castoriadis propõe o reconhecimento do inconsciente. Propõe a relação com essa instância, segundo a releitura da máxima: "onde era o id será o ego", para, "onde é o id, o ego deverá surgir". Reorientação pela qual escapa ao irracionalismo. A ontologia que compreende a hipótese de espaços não-orgânicos do ser aponta uma dimensão ativa do sujeito, como tendência a um estágio de maior esclarecimento.

g) Finalmente, pode-se compreender que a aproximação da dimensão não racional de fazer é feita a partir da releitura do conceito freudiano de inconsciente; via da qual ele o compreende (o inconsciente) como realidade/efetividade.

O modelo da autonomia individual é tomado para o exame da autonomia em sua dimensão social. Já no plano individual, autonomia implica relação com o Outro, não é pura afirmação egóica; aliás, mesmo na reflexão freudiana, como descoberta e como encobrimento, como sugere Castoriadis, o próprio ego é formado da matéria id. Se a idéia de autonomia como afirmação egóica, como encobrimento/supressão do inconsciente, segundo a máxima, "onde era o id será o ego", mostra-se de pouca eficácia no plano do indivíduo, porque só em alguns casos o domínio do inconsciente é uma solução terapêutica, portanto, mostra-se inviável – e perigosa! –, no plano social, muito mais ainda, denota um fundamento incongruente.

No plano da sociedade e da história, a afirmação de um conceito puramente subjetivo e individualista do sujeito, mostra-se ainda mais precário e crítico, porque aqui não há o Outro e sim os outros, desmaterializados e rematerializados nas instituições históricas.

Se o essencial das atividades humanas não se deixa captar pelas dimensões conscientes de fazer, podemos supor que o fazer é, em geral, mais que consciência – aqui, devemos esclarecer, para evitar compreensões diversas, tomamos por referência o fazer que tem um "certo" nível (ressaltando o conteúdo incerto do termo) de saber racional de seu domínio. A reflexão do autor dirige-se, então, a esse domínio desconhecido.

A máxima proposta por Freud "onde era o id será o ego", é o ponto de partida para a "elucidação" do sentido individual de autonomia. Castoriadis realiza uma importante redução da idéia freudiana desses termos:[146]

> (...) Ego é aqui, numa primeira aproximação, o consciente em geral, o Id, propriamente falando origem e lugar das pulsões ("instintos"), deve ser tomado nesse contexto como representando o inconsciente no sentido mais amplo. Ego, consciência e vontade, deve tomar o lugar das forças obscuras, que, "em mim", dominam, agem por mim (...).[147]

Da máxima sob análise, decorre necessariamente a conclusão de que, no plano individual, a autonomia possui sentido e direção determinados, que é o domínio do inconsciente no sentido mais amplo, do outro que age por mim, pelo consciente em geral: a autonomia seria o domínio do consciente sobre o inconsciente.

Para Castoriadis a discussão em torno dos termos "Id" e "Ego" encerra uma importante redução do caráter dinâmico e mesmo interpenetrante dessas "dimensões", repercutindo diretamente no conteúdo do conceito de autonomia. Para a conclusão do autor, a redução acima concorre diretamente ao sentido comum de autonomia, de que o consciente deve tomar um lugar absoluto como instância de decisão.

Esse senso comum, na realidade, constitui um elemento do paradigma moderno, um "programa da reflexão filosófica". Não obstante à força de suas descobertas, o próprio pensamento freudiano permaneceu a ele vinculado; daí a força programática, prescritiva, do papel do Ego, definida na máxima analisada. Castoriadis, identifica em Freud uma apreciação dinâmica, interpenetrante mesmo dos conteúdos do id e do ego; destaca mesmo que, para Freud, o inconsciente participa em certo nível do Ego. Todavia, o evidente reconhecimento da dimensão inconsciente e de sua clara participação na esfera do consciente, já em Freud, deixa-se recobrir pelo programa traduzido na máxima "onde era o id, será o ego" e é esse recobrimento que, ressalta, o reconcilia com o pensamento herdado.

A relação – nessa direção e sentido – da autonomia com a norma é dada pelo nível do domínio exercido por cada uma dessas instâncias no processo de decisão: "Se à autonomia, a legislação ou a regulação por si mesmo, opomos a heteronomia, a legislação ou a

---

[146] A esse respeito ver Freud, "O Id e o Ego", onde, em nossa leitura, esses termos são interpretados em uma concepção mais dinâmica, idéia ao nosso ver presente em Freud que não é considerada na redução conceitual de Castoriadis. Observemos que Castoriadis pressupõe essa dinâmica, a reconhece em Freud, mas percebe uma certa redução dessa descoberta, o que destaca no item em questão.

[147] CASTORIADIS, C. Op. cit., p. 123.

AUTONOMIA E NORMA JURÍDICA

155

regulação pelo outro, a autonomia é minha lei, oposta à regulação pelo inconsciente que é uma lei outra, a lei de outro que não eu".[148]

Colocadas nesses termos, porém, na perspectiva da minha lei ou da lei do outro, não se permite compreender nem autonomia nem heteronomia, porque os pressupostos são o da autonomia do indivíduo e o da totalidade.

Como na dimensão individual da autonomia, é necessário compreender que o inconsciente remete a um *locus,* a uma região, que também é fonte de fantasia, da capacidade de se dar aquilo que não é e que, por essa razão, não pode ser pura e simplesmente suprimido. Diferente da dimensão individual da autonomia, entretanto, na dimensão social, compreende-se que o Outro não pode ser reduzido ao sujeito, nem a um grupo ou classe de sujeitos. Essa impossibilidade parece se contrapor à hipotética situação em que o sujeito ganha concretude de suporte – um antefato que suporta uma hipótese, enfim, metafísica, que em sua incongruência não pode ser tida nem por real, porque contra fática, nem como suporte metafísico, porque as teorias que dela se socorrem se pretendem pós-metafísicas.

Recorrendo a Lacan,[149] Castoriadis aproxima os termos inconsciente/outro e confere uma primeira distinção no termo "outro"; o "outro estreito", "parental" e um "Outro" que remete à sociedade inteira.[150] A questão que apresenta então é: no âmbito do indivíduo ou no âmbito da sociedade inteira, o inconsciente pode ser eliminado? Não no sentido de sua supressão ou eliminação, mas no sentido mesmo da participação do "outro", não-parental, portanto, na instância decisória, na produção da legislação e regulação?

---

[148] CASTORIADIS, C. Op. cit., p. 123/124.

[149] No artigo, Castoriadis, Lacan y el postlacanismo, notas para historicizar el pensamiento psicoanalítico de Castoriadis, Fernando Urribarri, busca arrimo na historiadora Elisabeth Roudeinesco para afirmar que: "desde hace al menos os décadas los más importantes y reconocidos autores psicoanalíticos franceses pertenencen a la tercera generación del psicoanálisis galo (la primera fue la fundadora, la de Marie Bonaparte, la segunda fue la de Lacan, Nacht y Lagache). Se trata de una constelación compuesta por aquellos que, habiéndose acercado tempranamente a Lacan, fueron rompiendo con él a mediados o fines de la década de los años 60: fundamentalmente, cuando Lacan prioriza sus ambiciones de poder sobre su proyeto intelectual y pasa a comportarse como un maestro a hacerlo como un jefe de partido o escuela, cuando el lacanismo deviene dogmatismo, discurso oficial y 'pensamiento único' de la Escuela Freudiana de París (fundada en 1964)". URRIBARRI, F. URRIBARRI, F. Castoriadis, Lacan y el postlacanismo: Notas para historicizar o pensamento psicoanalítico de Castoriadis. *Archipiélago. Cuadernos de crítica de la cultura.* n. 54. p. 31. dez./2002.

[150] "Como diz Jaques Lacan, 'O inconsciente é o discurso do Outro'; é em grande parte, o depósito dos desígnios, dos desejos, dos investimentos, das exigências, das expectativas – significações que o indivíduo foi objeto, desde sua concepção, e mesmo antes, por parte dos que o engendraram e o criaram. A autonomia torna-se então: meu discurso deve tomar o lugar do Outro, de um discurso estranho que está em mim e me domina: fala por mim" *apud* CASTORIADIS. Ibid., p. 124.

Esse problema é solvido mediante a introdução de um outro elemento, quando aparece inteira a relação Outro/imaginário. A supressão do Outro – parental ou não-parental, considerando o indivíduo ou a sociedade inteira –, não é um problema que reside na qualidade do Outro em sua realidade inorgânica. O problema reside no fato de que essa dimensão é, ao mesmo tempo, o lugar da emergência de imagens que alimentam a ação humana. Castoriadis afasta a questão no que se refere ao Outro como *Isso*, e a devolve considerando a relação Outro/imaginário.

Focando o inconsciente em sua relação com o imaginário, observa a articulação do imaginário com a fantasia e sugere que ligação permite um sentido não consciente e dinâmico à atividade (não consciente, repetimos, como uma ação que não conhece inteiramente os seus domínios). Desta direção, pode-se concluir que o programa de tomar o lugar do id ou simplesmente tomar o discurso do Outro, de um discurso estranho que está em mim, na direção do absoluto domínio dessa esfera, implicaria um passo adiante em uma "disciplina" do inconsciente, pois atingiria também a capacidade de se dar a fantasia. Esse programa representa em si uma contradição em termos, mas acima de tudo tem o significado de um possível problema no plano do indivíduo e de uma a perigosa utopia, no plano da sociedade.

O que se dimensiona não é o inconsciente em si, mas a possibilidade desse fantasma produtivo, a capacidade de se dar imagens, de se dar aquilo que *não-é*, de oferecer o nada ao pensamento; dimensiona-se justamente a região que produz as imagens que alimentam a ação humana, a "fonte", *locus* das fantasias produtivas. O inconsciente não pode ser, por essa razão, suprimido. Pelo mesmo fundamento que lhe destaca a importânia, reconhece-se e privilegia a razão. O reconhecimento do imaginário e do seu lugar, não se dá mediante a primazia, mas propondo o resgate da relação que efetivamente se realiza entre essas dimensões consciente/inconsciente.

Castoriadis dá ênfase a um aspecto funcional da relação Outro/imaginário. O imaginário é observado em sua função de mediação do Outro com o sujeito; uma atividade através da qual o sujeito reelabora o Outro: "é que, dominado por esse discurso, o sujeito se toma por algo que não é".[151] Esse ato do sujeito define a complexidade de toda subjetividade: o sujeito se define como positividade e autonomia (no sentido de "minha" lei) no mesmo ato que toma para si o discurso do Outro como o próprio discurso.

---

[151] CASTORIADIS, C. Op. cit., p. 124.

Nesse ato, assume em toda dimensão o inconsciente, mas como um movimento em direção a ele, que o penetra e ali ressignifica o que se dá como Outro. (O que é, ao mesmo tempo, a raiz de toda heteronomia – o domínio da lei do Outro, sem quaisquer aspas). O imaginário realiza essa importante articulação, num misto de desejo e repressão, de fantasia e realidade, que domina o sujeito, como "imaginário autonomizado", mas é antes expressão do próprio sujeito. Mais uma vez, o imaginário se apresenta como função essencial ao sujeito e alcança de forma crítica o programa de autonomia da tradição.

Considerando essa relação id/imaginário, o programa da autonomia individual, segundo a máxima de Freud, para Castoriadis implica em alguns problemas insolúveis: primeiro, "onde era o id, será o ego" significa a mesma coisa, quer dizer, investir de poder de decisão um imaginário já autonomizado, diz o outro *"repetição, mas também transformação amplificada desse discurso"*;[152] (grifo do autor) segundo, a impossibilidade de um discurso inteiramente meu; terceiro, a impossibilidade da reabsorção da função imaginária, enfim:

> de onde brotam ao mesmo tempo fantasias alienantes e criações livres, mas mais verdadeiras que a verdade, delírios irreais e poemas surreais, esse duplo fundo eternamente recomeçado de toda coisa, sem o qual nada teria fundo, como eliminar o que está na base de, ou pelo menos inextricavelmente ligado a, o que faz de nós homens – nossa função simbólica, que pressupõe nossa capacidade de ver e pensar em uma coisa algo que ela não é?[153]

O conceito de autonomia (ao qual nos referimos como fundamento da crítica ao conteúdo racionalista do pensamento herdado, que tem ao mesmo tempo o estatuto de pressuposto epistemológico de uma nova ontologia) é definido a partir dessas críticas. Para o autor, a autonomia não é inteiramente o "meu" discurso, discurso de um sujeito definido como um puro Eu ou a afirmação exaustiva do ego; o autor define autonomia como relação entre o Eu e o Outro, uma situação de equilíbrio entre esses "dois" discursos, uma "situação ativa", não uma "tendência" ou uma "tomada de consciência", mas uma modificação profunda da mistura atividade-passividade.

---

[152] CASTORIADIS, C. Op. cit., p. 125.
[153] Ibid., p. 126.

5.4. Autonomia e sujeito

A definição do conceito de autonomia a partir da crítica à máxima de Freud recepciona os elementos presentes já nos ensaios sobre o id e o ego (nos quais reconhece o inconsciente no consciente e a perspectiva relacional dessas dimensões). Na construção de Castoriadis, a idéia de autonomia como uma relação de equilíbrio:

> uma outra atitude do sujeito relativamente a si mesmo, em uma modificação profunda da da mistura atividade-passividade, do signo sob o qual esta se efetua,do respectivo lugar dos dois elementos que o compõem (...) O desejo, as pulsões – quer se trate de Eros ou de Thanátos – sou eu também, e trata-se de leva-los não somente à consciência, mas à expressão e à existência.[154]

Assim compreendida, a autonomia demanda a reflexão sobre o conceito de sujeito. O programa "onde era o id, será o ego" constitui um duplo recobrimento do id: da natureza constituinte do Eu e da conseqüente função que desempenha. Enfrentar a questão do sujeito exige desvelar esses encobrimentos. No argumento de Castoriadis, há uma aporia na reflexão freudiana. Em síntese, partindo da perspectiva individual, o programa da afirmação do meu discurso em lugar do discurso do Outro, enquanto instância de decisão ("onde era o id, será o ego", na reflexão freudiana), propõe o encobrimento da dimensão id, mas já reconhece a presença do Outro/inconsciente no meu discurso/consciente, e a relação do imaginário como lugar da fantasia e em sua funcionalidade.

Uma primeira conseqüência dessa atitude alcança a aproximação sujeito/razão que predomina no sujeito moderno. Na realidade, estamos no mesmo marco da autonomia para a tradição filosófica, a mesma autonomia que informa o pensamento jurídico – autonomia como afirmação da razão, como *minha* Lei. Na perspectiva do pensamento moderno, é uma razão articulada ao sujeito individual, mas essa razão, que é *minha* como plano da razão, se reconcilia com a universalidade e, pelo mesmo movimento, eleva o sujeito ao plano do universal. Uma tradição que aproxima sujeito/razão do ego, do lugar onde, em projeto, se exerce o domínio do fazer, via da ciência e consciência do fazer.

O reconhecimento traz problemas à significação tradicional de um sujeito definido por sua capacidade – e efetividade! – de consciência e razão. Se o id participa do ego, então, em algum nível (afastando-se, evidentemente, qualquer reflexão a respeito da importância desse nível), a racionalidade não domina nem conhece suas razões,

---

[154] CASTORIADIS, C. Op. cit., p.126.

mesmo que, por racional que seja, articule racionalmente seus discursos e construa logicamente suas justificativas; em algum nível, por outras palavras, a racionalidade não se justifica racionalmente e o discurso do Eu se impõe mediante um ato de força. Dirigindo nossos esforços para esse "nível", poderíamos concluir que resta afastada a possibilidade de uma consciência pura, ou nos voltaremos ao projeto de desvelar o inconsciente, de torná-lo, em perspectiva, consciente.

A tradição não cogita da primeira hipótese, mas a segunda não desvencilha o sujeito das marcas da não-razão, não permite caracterizá-lo a partir do elemento da razão; porque o projeto afirma o que será, mas reflete o que é e nessa dimensão de realidade não virtuosa há um sujeito histórico, real, que não é pura consciência e razão, e uma sociedade histórica com suas instituições e normas que resultam do fazer desse sujeito, um fazer que não se deixa dominar inteiramente pela razão. Assim, se a consciência é em projeto, como fato, ela só é em projeto, não em realidade total; para o projeto, podemos pensar uma não-realidade da consciência: esta não é e, como será, ainda não é.

Na realidade, para essa idéia, a consciência/razão está em natureza contaminada por algo que ela não é ou, em uma hipótese mais ousada, ela própria, em certo sentido, é também não-razão, ela é o que ela *não-é*. A tradição, como já dito, segue sobre pressupostos distintos o que, para Castoriadis, a impossibilita de pensar verdadeiramente o sujeito.

Mas o problema é que, se a razão é um critério elementar do sujeito, para a tradição, ao atribuir valor ao não-consciente e ao não-racional, a direção tomada por Castoriadis chega a outro destino e *relativizar* a resposta racionalista, que sobrevaloriza o discurso do Eu.

Essa atitude não demarca necessariamente um programa e um projeto pautado numa direção racional, com sentido de razão; não implica a apologia irracionalista, como uma reflexão mais ingênua (ou menos ingênua!) poderia induzir. Podemos cogitar que ela permite uma significação não-estática da razão, que não remete a, mas percebe o movimento incessante no seu "fundo"; não um sem-fundo, pura e simplesmente, e ao mesmo tempo, também não um conjunto de significações possíveis.

Tal atitude é compatível com um projeto racional; não com uma razão perene, mas uma razão considerada em sua atividade e movimento. No que se articula à idéia de sujeito, que aqui se discute, ela desloca a razão como o critério por excelência de constituição/identificação; não porque não se arrima em uma razão definitiva, mas porque tem o sujeito como essa emergência.

A discussão a respeito do conceito de autonomia ensaia uma idéia diferente de sujeito:

> O sujeito em questão não é pois o momento abstrato da subjetividade filosófica, ele é o sujeito efetivo totalmente penetrado pelo mundo e pelos outros. O Eu da autonomia não é Si absoluto, mônada que limpa e lustra sua superfície externo-interna a fim de eliminar as impurezas trazidas pelo contato com o outro; é a instância ativa e lúcida que reorganiza constantemente os conteúdos utilizando-se desses mesmos conteúdos, que produz com um material e em função de necessidades e de idéias elas próprias compostas do que ela já encontrou antes e do que ela própria se produziu.[155]

Como vimos, partindo do plano individual, Castoriadis define autonomia como atividade e equilíbrio, como relação entre dois termos não redutíveis, do Eu e do Outro; essa idéia, por extensão, demanda o reconhecimento do papel do Outro na constituição do sujeito. Essa conclusão requer uma reavaliação do conceito de sujeito, para reconhecer também aí a natureza constituinte do Outro. O recurso à situação da autonomia do indivíduo é instrumental. No plano social, o Outro do sujeito é a sociedade inteira e a autonomia implica em relação de atividade e equilíbrio do Eu com as instituições que o conformam, o que, ressalta, conduz a um problema e a uma relação social.

5.5. A instituição e o imaginário

No plano social, a discussão sobre a autonomia individual aproxima o Outro parental a um Outro que remete à sociedade inteira. No caso da dimensão social, a irredutibilidade do discurso do Outro se mostra ainda mais evidente. Se a autonomia individual desenha esse pressuposto, ela é ainda insuficiente como instrumento teórico para pensar a autonomia social.

O modelo teórico da autonomia individual não pode oferecer acriticamente suas categorias para pensar a sociedade, porque, numa perspectiva social, o Outro é externo ao indivíduo, encontra-se diluído nas instituições e encarnado nos seus símbolos; mesmo a hipótese de uma situação de equilíbrio ativo no plano individual não elide a força ou o domínio das normas instituídas – domínio

---

[155] CASTORIADIS, C. Op. cit., p.128.

esse que sugere a alienação como forma da relação do sujeito com as instituições.

Essas idéias são pontos de partida para o exame das instituições e para a crítica às acepções que se reúnem sob o título de "visão econômico-funcional das instituições", denominação que agrega as leituras do marxismo, do estruturalismo e do funcionalismo. Em relação à leitura estruturalista, desvincula alienação e estrutura de classe: a estrutura de classes desempenha um inequívoco e importante papel na manutenção e reprodução de uma sociedade, mas esse fato não dá conta do fenômeno da alienação. A alienação está muito próxima da estrutura, dela se alimenta, mas não é pura derivação, não é um fenômeno que possa ser integralmente explicado por se guarnecer na estrutura. A alienação é um modo de relação da sociedade com suas instituições, onde devem ser considerados os elementos racionais e não-racionais do *fazer*:

> a alienação apresenta-se de início como alienação da sociedade às suas instituições, como *autonomização*, das instituições com relação à sociedade. O que é que se autonomiza assim, por que e como – eis o que se trata de compreender.[156] (grifo do autor)

As instituições exercem uma função vital à sociedade. Uma sociedade só pode existir e se reproduzir se cumpridas as exigências de sua funcionalidade, se uma série de funções forem constantemente preenchidas. Dessa condição não se justifica a leitura funcionalista, entretanto. A funcionalidade não pode ser erigida a fundamento, segundo a idéia de que as instituições são para satisfazer determinados fins/necessidades.

Essas leituras só podem ser enfrentadas no campo mesmo onde o Outro, os outros desmaterializados e rematerializados, se dão em força e realidade, no campo da instituição e de sua relação com o simbólico. A constituição do símbolo se vincula a uma estrutura dada; é em si um elemento do *legein* e, como tal, não é absolutamente livre, pois apoiado no primeiro estrato natural. Por essa mesma razão, se dá parcialmente pela lógica conjuntista identitária. O símbolo se compõe de um elemento funcional e é, de certa maneira, apropriado por uma racionalidade. Por essas razões, por si mesma, a tematização do simbólico não se contrapõe a um olhar igualmente funcionalista ou estruturalista.

Além desses elementos, que concedem aprumo às concepções tradicionais, que dão efetividade às justificações que veiculam, Cas-

---

[156] CASTORIADIS, C. Op. cit., p. 140.

toriadis destaca o componente decisivo de todo símbolo e de todo simbolismo, a saber, o imaginário.

O imaginário e a imaginação ocupam a obra de Castoriadis. Assumem a centralidade do pensamento. São apropriados para enfrentar, ao mesmo tempo, as questões da alienação e da racionalidade e para articular de forma positiva com o mundo real, com a racionalidade das instituições, o que não se alcança com as categorias outro/inconsciente, sem anulá-las, pois antes se entrelaça com essas dimensões.

A reflexão sobre o simbolismo conduz à relação deste com o imaginário. O simbolismo compreende dois sentidos: o sentido corrente de invenção, de invenção absoluta, invenção primeira, de criar símbolos e uma segunda invenção, ao investir de novos significados os símbolos disponíveis. Esse segundo sentido implica um movimento de deslocamento, de deslizamento de significados ou de ressignificação. A imaginação/imaginário é a fonte última do simbólico, em seus dois sentidos, está lá em seu princípio. As relações entre o simbólico e o imaginário indicam que o primeiro pressupõe o segundo, é seu componente essencial:

> o imaginário requer o simbólico para sua expressão e mesmo existência; as imagens que produz possuem funções simbólicas; o simbolismo pressupõe a capacidade imaginária; como a função simbólica do imaginário, "pressupõe a capacidade de ver em uma coisa algo que ela não é, de vê-la diferentemente do que ela é".[157]

O que está na raiz de todo o simbolismo é o imaginário último ou radical, "faculdade originária de por ou dar-se, sob forma de representação, uma coisa e uma relação que não são (que não são dadas na percepção ou nunca o foram) (...) raiz comum do imaginário efetivo e do simbólico".[158]

O termo imaginário efetivo está em detrimento do termo imaginado. Essa opção, nota-se, dá-se em detrimento a uma forma verbal, de particípio passado – de um fazer que, à primeira leitura, se deu e se fechou no tempo –, em razão de um fazer efetivo, presente no tempo. Mesmo considerando que o particípio participa – de que são exemplos formas verbais presentes, continuadas – podemos propor que essa é uma opção que enfatiza a natureza dinâmica do imaginário, propõe a permanência ativa do imaginado, que é, assim, operante.

Nessa relação há uma anterioridade do imaginário em relação ao simbólico. O simbolismo já implica em uma diferenciação racio-

---

[157] CASTORIADIS, C. Op. cit., p. 154.

[158] Ibid., p.154.

AUTONOMIA E NORMA JURÍDICA

nal e na satisfação da necessidade de certa permanência e estabilidade do simbolismo e seu nível institucional. Mas essa questão é trazida para alcançar justamente o momento de indistinção, quando a "relação simbólica é composta de um 'vínculo rígido', de participação, de causação, entre significante e significado".[159]

A indiferenciação dos elementos do simbolismo parece nos colocar frente a um momento enigmático. Nesse momento indiferenciado, não se está propriamente no terreno do racional, no sentido de um pensamento com respeito a fins; o pensamento aqui, aliás, não opera com os elementos do simbolismo, então como opera? Ao mesmo tempo, não se trata de uma atividade propriamente não racional, porque se não há separação formal dos elementos significados/significantes e vínculos canônicos, a idéia é de que esses elementos sejam compostos da mesma carne.

Então, é certo que o simbolismo permite dissecar os elementos de que se fala, bem como suas relações canônicas e as funções institucionais de toda a norma. Nesse sentido, podemos afirmar que o simbolismo – que opera nas instituições – tanto quanto as próprias instituições, em sua natureza complexa, se deixam captar, segundo a lógica da determinação, em importantes e significativos espaços; e, segundo a lógica da causalidade, permitem justificar seus processos e alcançar mesmo momentos importantes de sua determinação.

Mas ao pensarmos esse momento de indistinção vai-se além desse campo da determinação. O instante indistinto é a percepção da carnatura desses elementos, a constituição imaginária do componente racional real do simbólico, a irredutibilidade do simbolismo à sua funcionalidade, bem como algumas características do imaginário, que não é isolável, nem está submetido a relações de causalidade ou de determinação. Esse instante é, enfim, o espaço da indeterminação (relativa, por assim dizer, mas essencial) de todo o simbolismo e das instituições.

Compreende-se que o recurso ao racional lúcido, do simbólico, pode tornar e torna mais evidente a realidade e os seus sentidos canônicos, mas se o simbólico é a forma de ser das instituições e se o simbólico pressupõe o imaginário, lógica e cronologicamente, a idéia que se consolida é a de que no princípio não há o racional, mas o imaginário.

Pensadores como Marx e Freud, dentre outros, observaram o imaginário das instituições. Mas não lograram problematizar o que aí se mostra: que a sociedade produz necessariamente esse imaginá-

---

[159] CASTORIADIS, C. Op. cit., p. 155.

rio; que é esse imaginário que fornece os elementos vitais da organicidade de uma sociedade, a partir do núcleo que denomina de o imaginário central. O imaginário possui uma função evidente, mas não pode ser reduzido a ela. De certa maneira, possui vida própria e constrói em torno de si uma segunda criação imaginária, um imaginário secundário.

O imaginário, no nível do simbólico, articula-se com o econômico-funcional, o que garante a reunião e o funcionamento de uma sociedade. Com isso, não elide a efetividade de leituras funcionalistas/estruturalistas da sociedade, sendo possível um conhecimento não exaustivo de sua estrutura e dos mecanismos de seu funcionamento. Mas sempre haverá um limite, faltas e excessos nessas interpretações.

Assim, desenha a centralidade da categoria do imaginário. Este está na raiz de todo o simbolismo, é lógica e cronologicamente a ele anterior. Possui um sentido originário, de um imaginário radical, capaz de oferecer a imagem primeira, que se prolonga em uma forma operante e relativamente livre, estabelecendo em torno dessa imagem uma rede simbólica outra: o imaginário secundário, com o qual estabelece uma relação nem sempre lógica e/ou hierárquica. Nessa plêiade, em remissões sucessivas e não ordenadas à carnatura do imaginário (radical e efetivo), ele possibilita, a um só tempo, a reunião e o funcionamento de uma dada sociedade. O imaginário é central porque está na raiz do simbólico e mesmo de todo real racional.

5.6. Significação imaginária social (SIS)

Esse conceito de imaginário, sua centralidade e anterioridade em relação aos elementos e relações canônicas do simbólico, empresta estrutura ao conceito de significação e, considerando a articulação com o imaginário, permite compreender o conceito de significação imaginária social (SIS), que opera no simbolismo das instituições.

A relação consciente/inconsciente, conforme acima discutido, nos é mais uma vez importante. Entretanto, encerra categorias que não possuem mais o sentido em que apareciam inicialmente ao autor e não dão mais suporte necessário às suas reflexões ante a emergência do imaginário como categoria central desse pensamento. A *psiquê* surge, então, como categoria apropriada. As categorias consciente e inconsciente, por seu conteúdo-limite, indicam uma totalidade que lhes anula; a consciência é ou não é consciência, da mesma forma que a inconsciência, nessa acepção, é ou não é. O reconhecimento da dimensão imaginária, ao contrário, implica sempre presença e não pode admitir supressão. A idéia da *psiquê* permite compreender essa presença e, ao mesmo tempo, o sujeito em seu engastar com as instituições, de forma ativa, como capacidade de imaginação.[160]

Ainda no plano individual, a supressão do *id* implicaria prejuízo na capacidade de imaginação. No plano da sociedade, a alienação implica um modo de relação com o imaginário – fonte comum da alienação e da criação –, presente nas instituições; é a autonomia do componente imaginário da instituição. A alienação social é um desequilíbrio, um processo que leva à "autonomização do componente imaginário na instituição que propicia a autonomização e a dominância na instituição relativamente à sociedade".[161]

A relação com o imaginário presente no simbólico (das) e nas instituições requer sempre o equilíbrio, pois não se pode distinguir entre o imaginário atuante na criação e o atuante na alienação, entre o que se materializa como real racional e o que se efetiva como realidade irreal.

Da mesma forma que operam as relações no nível do simbólico, a alienação pressupõe a capacidade imaginária, de pôr ou dar-se uma coisa e uma relação que não é. Ao contrário do simbólico, entretanto, esse mecanismo não se realiza sob a forma de representação, mas de vivificação, com o predomínio do imaginário. A alienação é um fenômeno comum a toda sociedade e não próprio de uma classe ou um grupo de classes. A superação da alienação não comporta o fechamento da capacidade imaginária, que é de resto irredutível, mas a construção de outra relação com o imaginário das instituições, uma relação que pressupõe o equilíbrio, uma relação de autonomia.

O conceito de significação se articula ao de significações imaginárias sociais. Outra vez, a reflexão sobre o simbólico é importante à compreensão do conceito, especialmente considerando que essa construção teórica se faz como crítica a uma estrutura conceitual dada. Castoriadis demarca-o com as interpretações funcionalistas e estruturalistas:

> As instituições formam uma rede simbólica mas essa rede, por definição, remete a algo que não o simbolismo. Toda interpretação puramente simbólica das instituições

---

[160] Cf. PEDROL, X. Castoriadis: um projeto de reilustración. *Archipiélago. Cuadernos de crítica de la cultura.* n. 54. p. 25-30. dez./2002. URRIBARRI, F. Castoriadis, Lacan y el postlacanismo: Notas para historicizar o pensamento psicoanalítico de Castoriadis. *Archipiélago. Cuadernos de crítica de la cultura.* n. 54. p. 31-39. dez./2002.

[161] Ibid., p. 159.

suscita imediatamente as seguintes perguntas? Porque este sistema de símbolos, e não outro, quais as significações veiculadas pelos símbolos, o sistema de significados ao que remete o sistema de significantes; porque e como as redes simbólicas conseguem autonomizar-se.[162]

Todo símbolo implica em uma escolha – e, portanto, em uma possível exclusão. Compreende-se, pois, que este procedimento comporta atos de natureza lógico-racionais, uma vez que a eleição do símbolo visa à aproximação de um (ou uma série de) conteúdo/ finalidade a que se presta representar. Mas essa mesma escolha encerra operações arbitrárias, que não se justificam com base na lógica do tipo formal; é a questão que se coloca na própria escolha: por que esse e não outro símbolo? Essa pergunta encerra e expõe um déficit importante das respostas tradicionais, que não enfrentam, verdadeiramente, o problema relativo ao que sustenta e legitima as operações dessa natureza.

A escolha do símbolo, que já encerra racionalidade e algo mais, coloca o problema das significações. Esse *plus* em si já adianta a questão da significação, porque a própria eleição do símbolo requer o imaginário e a capacidade de significação, de se dar o que não é e, também, porque a rigor implica num conteúdo arbitrário que não se deixa explicar puramente pelos elementos já dados, ou seja, a escolha se apóia em elementos dados, mas não é uma derivação dessa natureza.

A mesma direção que aponta à anterioridade do imaginário ensaia a idéia de uma significação que guarda certa independência de toda a estrutura simbólica. Diante da relação de significação, há um distanciamento dos vetores que conduzem e, num nível normativo, vinculam significante e significado, localizando aí não apenas possibilidades da emergência de novos significados a significantes dados, mas o que torna essa operação possível: a significação mesma como potência, livre de toda a rigidez e de toda a regra, mas que se deixa fixar em significados canônicos.

Há uma relação de indeterminação relativa entre significação, sentido e estrutura simbólica. O reconhecimento de tal indeterminação permite considerar a relação estabelecida por significação e estrutura simbólica e, mais especialmente, a distinção mesma dessas realidades.

Sendo certo que o sentido requer a estrutura significante para se expressar, pressupõe-se que o sentido não é a mesma coisa que

---

[162] CASTORIADIS. Op. cit., p. 165/166.

a estrutura na qual se apóia. O que é dito pela expressão/estrutura significante, portanto, não se reduz a ela, é *outro* mundo.

O conceito de significações imaginárias sociais opera uma distinção nesse âmbito do sentido/significação e sua estrutura. Eles podem corresponder ao percebido, ao racional e ao imaginário, estabelecem entre si relações, mas mantêm suas especificidades. As significações que correspondem ao percebido e ao racional, de certa maneira, deixam-se traduzir por justificações apoiadas em argumentos de tipo lógico-formais, se deixam captar em avançados níveis de determinação.

O sentido/significação não corresponde sempre ao percebido, ao racional. Não se dá de forma unívoca e definitiva, porque "próximo" do imaginário radical. O *quid* está em que o sentido/significação aparece inteiro no discurso e por si mesmos. E por essa referência, o que vem à tona é também um núcleo independente, o imaginário e – por potência –, um sem número de remissões não-canônicas.

As significações imaginárias, que aqui nos importam, portanto, são de natureza diversa das que se firmam na percepção ou racionalidade. Castoriadis apóia-se em exemplos para uma aproximação conceitual. Deus e a reificação são dois desses exemplos:

> (...) uma significação central, organização em sistema de significantes e significados, o que sustenta a unidade cruzada de uns e de outros, o que permite também sua extensão, sua multiplicação, sua modificação. E essa significação, nem de uma percepção (real) nem de um pensamento (racional) é uma significação imaginária.163 (...)

> O que está em questão no caso da reificação – no caso da escravidão ou no caso do proletariado – é a instauração de uma nova significação operante, a captação de uma categoria de homens por uma outra categoria como assimilável em todos os sentidos práticos, a animais ou a coisas. É uma criação imaginária, de que nem a realidade, nem a racionalidade, nem as leis do simbolismo podem explicar (...), e que não tem necessidade de ser explicitada nos conceitos ou nas representações para existir, que age na prática e no fazer da sociedade considerada como sentido organizador do comportamento humano e das relações sociais independentemente de sua existência "para a consciência" desta sociedade.[164]

Os modelos teóricos que se prestam à explicação das significações reais e racionais são limitados para explicar, como pretendem, a realidade última de seus domínios (efetivamente "contaminados" pelo imaginário): não podem explicar a significação imaginária.

---

[163] CASTORIADIS. Op. cit., p. 170.
[164] Ibid., p. 171.

As diferentes realidades a que correspondem as significações – o percebido, o racional e o imaginário – operam diferentes níveis de separação, no âmbito da relação de significação, entre o significante e o significado, entre a expressão e o conceito ou entre o conceito e a coisa. A distinção entre esses elementos é clara nas significações que correspondem ao real e ao pensamento, mas é em grande parte obscura quando trata de significações imaginárias. Essa observação tem um sentido instigante. Na esfera do real e do pensamento, a realidade última não se apresenta em toda a sua inteireza. Entretanto, quando se trata do imaginário, efetivamente não há realidade, nem propriamente racionalidade e é justamente essa não-realidade e não-racionalidade que fazem da significação imaginária uma significação que não se deixa isolar ou captar por ela mesma.

> Mas esta arrealidade última, como capta-la? Ela só se dá, de um certo modo, como as "coisas em si", a partir de suas conseqüências, de seus resultados, de seus derivados. Como captar Deus, enquanto significação imaginária, a não a partir das sombras (*abschattungen*) projetados sobre o agir social dos povos – mas ao mesmo tempo, como não ver que, assim como a coisa percebida, ele é condição de possibilidade de uma série inesgotável de tais sombras, mas, ao contrário da coisa percebida, ele jamais se dá "em pessoa"?[165]

A significação imaginária tem como característica remeter a uma arrealidade, que não corresponde a uma imagem e a uma representação. O termo imagem tem um sentido amplo, que pode alcançar mas ultrapassa uma representação da vivência ou do devaneio. O imaginário não corresponde ao sentido estrito de imagem, não se refere à pura representação ou simbolização, a imagens de outra coisa. O imaginário é a capacidade de se dar imagens ao pensamento, por isso é primitivo, raiz de toda operação simbólica e de representação, o que expressa, como fantasma fundamental do sujeito, que existe independentemente da relação que com ele estabelece, como autonomia ou heteronomia.

Partindo do plano individual, examinando os sentidos correntes de imagem, aproxima-se do fantasma fundamental que alimenta o pensamento e cuja produção, no plano do indivíduo, depende do imaginário radical. No plano da sociedade, seguindo o mesmo procedimento a quando da discussão do inconsciente, recusa qualquer analogia.

Da mesma forma que as imagens que se põem ao indivíduo permitem avançar na direção dos "labirintos da elaboração simbólica" até a aproximação do fantasma fundamental do sujeito (em ín-

---

[165] CASTORIADIS. Op. cit., p. 172.

tima relação com o imaginário último ou radical, no plano social), essa operação pode se realizar "a partir do imaginário que cresce imediatamente na superfície da vida social, a possibilidade de penetrar no labirinto da simbolização do imaginário"[166] encontrando-se no fundo outra coisa, o imaginário radical e as significações imaginárias, as quais não se deixam isolar.

O imaginário radical é a pedra angular, segundo Xavier Pedrol, que permite a articulação entre o indivíduo, a sociedade e a história:

> La "imaginación radical" es el sustrato que permite dar cuenta de los dos aspectos ireeductibles e inseparables de lo humano, su singularidad psíquica y su dimensión social. Con esta noción, Castoriadis pretende, pues, plantear por um lado la irreductibilidad de las dimensiones de lo humano, sen caer empero en el dualismo cartesiano, esto es, assumiendo a la vez su inseparabilidad.[167]

As significações imaginárias sociais não são o mesmo que as significações imaginárias individuais, não são nem acúmulo, nem média destas, em resumo, diz o autor que:

> são mesmo condições de possibilidades das imagens produzidas no plano individual; são infinitamente maiores que um fantasma; não têm um lugar de existência preciso; só podem ser captadas de maneira derivada, oblíqua; não denotam nada e conotam mais ou menos tudo; é irredutível ao imaginário individual e impossível de redução exaustiva a partir da psique individual; é o que dá suporte e investe de sentido o funcional e o simbólico e o real racional de que se conformam as instituições sociais.[168]

Os conceitos de significação e de significações imaginárias sociais emprestam fundamento à crítica ao plano do conhecimento, por exemplo, das perspectivas empiristas e racionalistas. Na hipótese proposta, reconhecem-se os sentidos/significações percebidos (compreende-se que resultam de algum tipo de experiência) e aquelas estabelecidas num plano racional; reconhece-se ainda que as mesmas estabelecem relações entre si, mas que guardam especificidades. Até aqui poderíamos, no plano epistemológico, estabelecer uma perspectiva de explicação dos modelos teóricos existentes, que em níveis diferenciados têm aí um plano de justificação. Mas, ao lado desses tipos de significação, o autor propõe a existência – e também a centralidade – de uma significação nem percebida, nem racional, a significação imaginária (fugindo assim à dicotomia e mesmo à sínte-

---

[166] CASTORIADIS. Op. cit., p. 173

[167] PEDROL, X. Castoriadis: um projeto de reilustración. *Archipiélago. Cuadernos de crítica de la cultura*. n. 54. p. 26. dez./2002.

[168] Ibid., p. 173/176.

se dialética e à negação entre empirismo e racionalismo). Castoriadis não desconhece a especificidade de cada uma dessas significações, mas não propõe a síntese entre ambas, como um modelo teórico alternativo às óbvias limitações da empiria e da razão, nem, por reconhecer suas especificidade, as nega.

Em outro plano, estes conceitos oferecem fundamento à idéia de *fazer*, já discutido. Em síntese, afirma que fazer não é pura atividade reflexa, que está sempre em relação com o saber, mas que o essencial de fazer não poderia ser explicado ou reduzido em operações racionais. Pode-se agora compreender que o que confere essas características a *fazer* é sua própria articulação com o imaginário/significações imaginárias sociais. *Fazer* é em certa medida uma atividade racional, mas o que lhe dá suporte são as significações imaginárias sociais e do imaginário efetivo.

Enquanto fazer humano, portanto, a história é definida, sobretudo, como criação, produto do imaginário, encarnado nas instituições como imaginário efetivo. A história é conduzida a cada momento por uma razão dada e por um componente não-racional, imaginário, que se efetiva na criação. A articulação imaginário/significações imaginárias sociais/instituições confere o conteúdo determinado-interminado à história e define o papel das significações imaginárias sociais.

As significações imaginárias sociais, portanto, desempenham um papel central na constituição do ser próprio de cada sociedade histórica. Assim fornecem o material do qual se compõe a identidade dessas sociedades e em torno da qual se constroem as instituições que lhe dão, a um só tempo, a estrutura orgânica e funcional e especialmente a razão dessa organicidade e funcionalidade.

Retorna, como dissemos, a essa categoria da atividade, do fazer humano, que, repetindo, não é nem animalidade, nem pura racionalidade: de um lado, o fazer está contaminado pelas significações ou pelo imaginário efetivo; de outro, pelo imaginário radical, que faz da atividade, do fazer, sempre potência de algo não dado nas significações dadas: sempre a possibilidade de emergência de novas significações, a fonte intermitente da criação exnihilo.

As significações imaginárias sociais são substrato do fazer histórico, mas elas mesmas resultam desse fazer. É sobre elas que se opera o fazer, mas essa base é antes operação do fazer. As significações imaginárias sociais representam um imaginário efetivo, são "imaginadas", mas, como alhures dito, apenas no sentido de um passado/resultado ativo no presente, aberto e operante, portanto.

É possível verificar dinâmica, movimento, nessa operação, mas é improvável um modelo explicativo que não induza ao erro. Compreender esse processo exige ousadia. Ao nosso ver, o autor localiza aí dois "momentos simultâneos": o imaginário radical (que faz parte do) e o mundo natural, o primeiro atuando sobre o segundo, tomando a sua ordem como uma referência da qual se desloca até uma outra ordem e razão, que se apropria da natureza, é at;e certo ponto natural, mas que jamais pode ser compreendida a partir da natureza mesma, até porque dela se desloca, via de um fazer que a valora, constituindo um tecido em que se cruzam de forma complexa as linhas do natural e do imaginário, a natureza e a imagem da natureza, e onde nenhum desses componentes se dão ou se falam por si mesmo e em que todos se insinuam nas possibilidades que encerram nesse complexo de significações.

Conclusão

Essa reflexão tem importantes desdobramentos com referência a nosso objeto de refletir o direito e, particularmente, a estrutura da norma jurídica.

Primeiro, considerando o direito e a norma em particular, como uma instituição que tem na estrutura simbólica seu modo de ser, nos deparamos com a conclusão de que, antes do mais, a norma jurídica não corresponde idealmente a seu conteúdo ou a sua realidade material. Isso pode ser explicável considerando o distanciamento entre o discurso normativo e a realidade material e a força normativa (não do discurso, mas) dessa mesma realidade material, que faz irromper novas alternativas de resolução pragmática de sua própria conflituosidade.

Mas há uma questão anterior a isso, mais problemática na esfera da reflexão teórica, e mais incompatível com a autocompreensão que os juristas têm do direito: é a idéia de que a norma na sua forma instituída não é puramente racional. Que é apenas parcialmente racional.

Aqui temos de separar o quase racional instituinte, mas próximo a uma racionalidade funcional instituinte de uma quase racionalidade instituída, que amplia seu grau de irracionalidade quando se fecha em si mesma como categoria autônoma.

Como instituição, o direito não é definitivo. Isso se parece cristalino a todos, muito mais especialmente aos leigos. Mas nos afastamos de qualquer consenso quando pensamos que essa abertura (do que não está encerrado, do que não é definitivo) implica certa incoerência e, no limite, não funcionalidade.

A coerência não é um atributo do direito, da mesma forma, a idéia que lhe é correlata, de um sistema não conflituoso, bem ordenado e que pode ser resolvido, em última análise, a partir dos fundamentos que integram o sistema.

Nesse sentido, é importante ressalvar o "avanço" na reflexão jurídica que representa o reconhecimento da posição de conflituosidade interna de suas normas. A saída, nessa reflexão, ao tipo kelseniano, que ainda estrutura o discurso e a reflexão jurídicas, vem sendo uma espécie de escalonamento (hierarquização mesma, em Kelsen) das normas, agora não mais a partir do ápice da pirâmide, mas a procura de sua base, de sua "estrutura", no sentido do princípio. Mas o princípio é, também, o caos.

A instituição do direito, revestida de todo simbolismo, coloca em evidência o primeiro estrato natural, matéria que se dá à escolha de seus símbolos, e aquilo que se materializa como legein, como normas, que são esse primeiro estrato, o material já dado, e algo mais. A norma não sobrevive sem se ancorar no estrato da natureza, mas não é nem âncora, nem a região onde se fixa. Como âncora, a norma é literalmente arrastada pelo mar revolto e se perde em meio à correnteza. Sob o tormento, ela só remete a um lugar de onde não é mais. Por outras palavras, o conteúdo canônico de suas significações requer calmaria, bases sólidas para sua fixação.

Como sistema simbólico, o que se mostra quase sempre é esse conteúdo canônico, entretanto. Mas, ainda aí se requer reflexão. Em sua forma simbólica, o direito é instituição. Com Castoriadis retomamos, pois, a dificuldade da determinação das fronteiras do simbolismo. O simbólico encerra o econômico e o funcional, mas é, sobretudo, sua articulação com o imaginário radical que permite compreender o que lhe é essencial. Para além da definição/eleição de símbolos que visam representar um conteúdo e cumprir uma finalidade/necessidade, é a percepção do imaginário radical que permite colocar a realidade do simbólico em sua inteireza. O imaginário radical alcança o sujeito em sua capacidade de (re)significação, em seu engastamento com a instituição, onde a heteronomia, a norma que desenha a realidade das instituições, ganha novos conteúdos justamente quando se realiza no processo de ruptura da mônada que se insinua como pura autonomia.

O essencial do simbolismo implica ultrapassar o seu conteúdo econômico funcional e percebe-lo em relação com sua fonte incessante de vida, o imaginário radical, núcleo da atividade que dá uma coisa pelo que ela não é, da significação imaginária. Fonte incessante porque sua atividade não se fecha no momento originário, na significação primeira, permanece operando, efetivo, no simbólico das instituições, oportunizando as operações de ressignificação, permitindo o deslizamento das significações, mediante o investimento das estruturas significantes preexistentes.

Então, considerando o direito como sistema simbólico, pretendemos observar na norma o seu conteúdo econômico funcional e mais, a fonte que opera como criação e permanece operante investindo de novos significados as estruturas significantes, processo que, em si, não possui qualquer valor, ainda que permita, sempre o investimento valorativo.

Nesse processo, enquanto simbólico, o direito é, portanto, econômico funcional e encerra algo mais, que não se deixa reduzir pelo conteúdo e funcionalidade de suas normas, nem mesmo em suas normas. O direito é criação do imaginário último ou radical, suas normas são, enfim, significações imaginárias da sociedade.

Mais que isso, essa região última, não racional, que opera investindo de significações suas estruturas, é permanente, é efetiva, é contínua. Daí se conclui que, mesmo no funcional, opera em forte sentido o que não se deixa reduzir por ele. Está presente no que é predominantemente racional o que não é absolutamente racional, o que se mostra poroso, atravessado de não racionalidades.

A realidade do direito, como simbólico, se dá ainda a um outro efeito, que em si foge a todo o domínio. Se nada permite determinar as fronteiras do simbólico, onde reside o funcional, o puro racional? Retomemos a idéia de alienação no autor, quando identifica que a alienação às instituições se mostra com a autonomização do elemento imaginário presente no simbólico das instituições.

Um processo que só pode ser compreendido mediante uma concepção ontológica própria, para a qual a natureza é, acima de tudo, vida. O conceito de imaginário radical, como identificamos, reconhece o entrelaçamento do sujeito às instituições – e a supressão da clássica dicotomia de sujeito e objeto, homem e natureza, dentre outras. A emergência do imaginário radical como categoria central afasta os termos inconsciência/consciência, conceitos impotentes em suas ambições totalizantes, deslocando-os ao reconhecimento da *psiquê*, com o que alcança as questões postas sob o binômio, mas, acima de tudo, permite refletir a capacidade de se por imagens, o imaginário radical, fonte de significações.

Por conseqüência, se a idéia da supressão, quando se falava do inconsciente, revelava-se um despropósito, repeti-la, quando se dimensiona a *psiquê*, se mostra uma absurda incongruência.

As instituições não se reduzem ao imaginário do indivíduo, ou de um grupo de indivíduos. Mas a percepção do imaginário e de sua região, a percepção das instituições como feixe de significações em contínuo movimento, concede a dinâmica viva da natureza das instituições, tecem sua natureza em vida e garantem sua capacidade de movimento. Como organismo vivo, essa natureza é dotada de autopoieses, capaz de criação, portanto.

Não há redução, não há soma de elementos, mas a realidade social histórica é tecida de uma força não desprezível da alma. O real não é, assim, apenas ele mesmo. Igualmente, não há apenas algo de nós na apreensão do real, não há apenas investimento do sujeito no conhecimento. O real é repleto de representação, intenção e afeto.[169] Nesse sentido, estamos além da lógica conídica. As instituições não se reduzem, pois; entretanto, se alimentam do imaginário, da continua capacidade do imaginário efetivo, que mantém operante a significação (e ressignificação) nas instituições.

O imaginário é fonte e fonte contínua. A significação que produz, se deixa cristalizar, mas a sua condição de fonte de emergência de novas significações, não. Daí a ocorrência do déficit/superávit, de algo irrespondível. Por essa razão, por dois "instantes" revelam-se déficits/superávits do simbólico das instituições, o da criação primeira, da primeira significação e o da sua derivação. Essa percepção desses momentos pode nos apoiar a compreensão, mas não o essencial, porque o instante mesmo não pode ser alcançado. Por outro lado, o estático inexiste, porque o imaginário e a significação permanecem operante nas instituições.

Rigorosamente, o imaginário (presente no simbólico) invade as instituições. O imaginário (e o simbólico) não tem fronteiras, pelo que é impreciso, ainda que necessário, estabelecer os contornos do estritamente funcional. O simbólico que preenche as instituições é, por sua natureza, significação e funcionalidade e essa natureza lhe permite, em potência, autonomia, como que, em vida própria, constituir novas funcionalidades, estabelecendo assim novos entrelaçamentos do complexo tecido da sociedade. Uma nova "camada", por assim dizer, com o recurso às aspas, para tentar expressar algo que é e não-é. Uma nova região que se destaca, por um movimento que trás os elementos de onde se destaca, mantendo com ela importantes liames.

---

[169] Cf. Cf. PEDROL, X. Castoriadis: um projeto de reilustración. *Archipiélago. Cuadernos de crítica de la cultura.* n. 54. p. 25-30. dez./2002. p. 28.

Bibliografia

ADEODATO, João M. *Filosofia do Direito:* uma crítica à verdade na ética e na ciência. Rio de Janeiro: Saraiva, 1996.

ADOMEIT, K. *Filósofos da antigüidade.* Porto Alegre: Fabris, 2000.

ARENDT, H. *A condição humana.* Traduzido por Roberto Raposo; Prefácio de Celso Lafer. 8 ed. Rio de Janeiro: Forense Universitária, 1997.

———. *Entre o passado e o futuro.* Tradução Mauro W. B. de Almeida. 2. ed. São Paulo: Editora Perspectiva, 1972. (Debates, n° 64)

———. *Lições sobre a filosofia política de Kant.* Traduzido por André D. de Macedo. Rio de Janeiro: Relume-Dumará, 1993.

———. *A vida do espírito:* o pensar, o querer, o julgar. Traduzido por Antônio Abranches, Cesar Augusto R. de Almeida e Helena Martins; revisão de técnica Antônio Abranches. 3ª ed. Rio de Janeiro: Relume-Dumará, 1995.

———. *O que é política?.* Traduzido por Reinaldo Guarany. Rio de Janeiro: Bertrand Brasil, 1998.

ARISTÓTELES. *Metafísica.* São Paulo: Abril Cultural, 1982. (Os pensadores)

———. *Ética a Nicômacos.* Traduzido por Mário da Gama Kury. 3. ed. Brasília: Editora Universidade de Brasília.

ARNAUD, A. J. *O direito entre modernidade e globalização.* Rio de Janeiro: Renovar, 1999.

———; FARIÑAS DULCE, M. J. Introdução à análise sociológica dos sistemas jurídicos. Rio de Janeiro: Renovar 2000.

ATIENZA, M. *As razões do direito.* São Paulo: Landy, 2000.

AVRITZER, L. *A moralidade da democracia.* Belo Horizonte: UFMG, 1996.

BACHOF, O. *Normas constitucionais inconstitucionais?* Traduzido por Jose Manuel M. Cardoso da Costa. Coimbra: Almedina, 1994.

BARNES, J. *Filósofos pré-socráticos.* Tradução Júlio Fischer. São Paulo: Martins Fontes, 1997.

BARCELLONA, P. *Il Declino Dello Stato.* Edizione debalo, 1998.

———. *El individualismo propietario.* Madrid: Editorial Trotta, 1996.

———. *Postmodernidad y comunidad, el regreso de la vinculación social.* 2. ed. Madrid: Editorial Trotta, 1996

BARROSO, L. R. Interpretação e aplicação da constituição. São Paulo: Saraiva, 2003.

BARZOTTO, L, F. *O positivismo jurídico contemporâneo.* São Leopoldo: USINOS, 1999.

BAUMAN, Z. *Globalização e as conseqüências humanas.* Traduzido por Marcus Penchel. Rio de Janeiro: Jorge Zahar Editor, 1999.

BEZERRA, B. J.; PLASTINO, C.A. *Corpo, afeto e linguagem.* Rio de Janeiro: Rios Ambiciosos, 2001.

BERTI, E. *Aristóteles no século XX.* São Paulo: Edições Loyola, 1997.

BIRMAN, J. *Mal estar na atualidade.* Rio de Janeiro: Civilização Brasileira, 1999.

BOBBIO, N. *Dicionário de Política*. Traduzido por Carmem C. Varriale. Brasília: Universidade de Brasília, 1986.

——. *Estudos sobre Hegel: Direito, sociedade civil, Estado*. Traduzido por Luiz Sérgio Henriques e Carlos Nelson Coutinho. São Paulo: Unep: Brasiliense, 1989.

——. *Thomas Hobbes*. Traduzido por Carlos Nelson Coutinho, Rio de Janeiro: Campus, 1991.

——. *O positivismo jurídico: lições de filosofia do Direito*. Tradução e notas Márcio Pugliesi, Edson Bini, Carlos E. Rodrigues. São Paulo: Ícone, 1995.

——. *Direito e Estado no pensamento de Emanuel Kant*. Brasília: Universidade de Brasília, 1997.

——. *Locke e o direito natural*. Brasília: Universidade de Brasília, 1997.

——. *Os intelectuais e o poder*. São Paulo: UNESP, 1997.

——. *Teoria do ordenamento jurídico*. Tradução Maria Celeste C. J. Santos. 6 ed. Brasília: Universidade de Brasília, 1995.

BOEHRNER, P.; GILSON, E. *História da filosofia cristã*. Petrópolis: Vozes, 2000.

BORDIEU, P. *O poder simbólico*. Traduzido por Fernando Tomaz. Rio de Janeiro: Betrand Brasil, 2002.

BURNS, E. M. *História da civilização ocidental*. Traduzido por M. Garschagen, São Paulo: Globo, 2001.

BURKE, P. *Uma história social do conhecimento*. Traduzido por Plínio Dentzien. Rio de Janeiro: Jorge Zahar Editor, 2003.

CAENEGEM, R. C., *Uma introdução histórica ao Direito Privado*. São Paulo: Martins Fontes, 2000.

CANARIS, C. W., *Pensamento sistemático e conceito de sistema na ciência do Direito*. 2 ed. Lisboa: Fundação Calouste Gulbenkian, 1996.

CAPELLA, J. R. *Fruto proibido, uma aproximação histórico-teórica ao estudo do Direito e do Estado*. Porto Alegre: Livraria do Advogado, 2002.

——. *Elementos de análisis jurídico*. Madrid: Editorial Trotta, 1999.

CASANOVAS, P. E MORESO, J. J. *El âmbito de lo jurídico, lecturas de pensamento jurídico contemporâneo*. Barcelona: Crítica, 1993

CASTORIADIS, C. *A criação histórica: o projeto de autonomia*. Porto Alegre: Palmarinca, 1991.

——. *De l`ecologie a l`autonomie*. Paris: Editions du Seuil, 1968.

——. *Diante da guerra*. Traduzido por Carlos Nelson Coutinho. São Paulo: Brasiliense, 1982.

——. *As encruzilhadas do labirinto 1*. Traduzido por Carmem Silvia Guedes. Rio de Janeiro: Paz e Terra, 1987.

——. *As encruzilhadas do labirinto 2: os domínios do homem*. Traduzido por José Oscar de Almeida Marques. Rio de Janeiro: Paz e Terra, 1987.

——. *As encruzilhadas do labirinto 3: o mundo fragmentado*. Tradução Rosa Maria Boaventura. Rio de Janeiro: Paz e Terra, 1992.

——. *A experiência do movimento operário 1*. Rio de Janeiro: A Regra do Jogo, 1979.

——. *L'expérience du mouvement ouvrier 2: prolétariat et organisation*. Paris: Inédit, 1948.

——. *A instituição imaginária da sociedade*. Traduzido por Guy Reynaud. 2 ed. Rio de Janeiro: Paz e Terra, 1982.

——. *Le monde morcelé: les carrefours du labyrinthe III*. 6. ed. Paris: Seuil, 1990.

——. *Feito e a ser feito: as encruzilhadas do labirinto V*. Tradução Lílian do Valle. Rio de Janeiro: DP&A, 1999.

——. *Le regime social de la Russie*. France: Saint-Denis, 1982.

——. *Socialismo ou barbárie: o conteúdo do socialismo*. Traduzido por Milton Meira do Nascimento e Maria das Graças de S. Nascimento. São Paulo: Brasiliense, 1983.

——. *La sociate bureaucratique*. Paris: Union générale d'éditions, 1973.

——. *La société française:* socialisme ou barbarie. 6. ed. Paris: Inédit, 1979.

——. *Sociedade burocrática 1:* as relações de produção na Russia. Tradução Margarida Portela e José Paulo Viana. Porto: Afrontamento, 1979.

——; COHN-BENDIT, D. *De l'ecologie a l'autonomie.* Paris: Seuil, 1981.

—— ; LEFORT, C.; MORIN, E. *Mai 68:* la Breche suivi de vingt ans apres. Paris: Editions Complexe, 1988.

CAYGILL, H. *Dicionário Kant.* Traduzido por Álvaro Cabral. Rio de Janeiro: Jorge Zahar, 2000.

CAUQUELIN, A. *Aristóteles.* Traduzido por Lucy Magalhães. Rio de Janeiro: Jorge Zahar, 1995.

CHAUÍ, Marilena. *Introdução à historia da filosofia 1:* dos pré-socráticos a Aristóteles. 2 ed. rev. e ampl. São Paulo: Companhia das Letras, 2002.

CRESCENZO, L. *História da filosofia grega:* os pré-socráticos. Lisboa: Presença, 1988.

CHUEIRI, V. K. *Filosofia do Direito e modernidade:* Dworkin e a possibilidade de um discurso instituinte de direitos. Curitiba: J.M., 1995.

CROUZET, M. *História geral das civilizações.* Tradução Pedro Moacir Franco. Rio de Janeiro: Bertrand Brasil, 1993.

DAVID, G., CASTORIADIS C. *Le projet d'autonomie.* Paris: Éditions Michalon, 2000.

DESCAMPS, C. *As idéias filosóficas contemporâneas na França (1960-1985).* Traduzido por Arnaldo Marques. Rio de Janeiro: Zahar, 1991.

DWORKIN, R. *Law"s empire.* Belknap: Harvard, 1997.

——. *Sovereign virtue.* Cambridge: Massachusetts: London: England: Havard University Press, 2000.

——. *Uma Questão de Princípio.* Traduzido por Luis Carlos Borges, São Paulo: Martins Fontes, 2000.

——. *Domínio da Vida.* Traduzido por Jeferson Luiz Camargo, São Paulo: Martins Fontes, 2003.

——. *O império do Direito.* São Paulo: Martins Fontes, 1999.

ELTER, J. *Sobre las pasiones.* Barcelona: Paidós, 2001.

ESCOBAR, C. H. *Zaratustra:* O corpo e os povos da tragédia. Rio de Janeiro: 7 Letras, 2000.

FREUD, S. *Moisés e o monoteísmo.* Traduzido por Maria Aparecida Moraes Rego. Rio de Janeiro: Imago, 1997.

——. *Além do princípio do prazer.* Traduzido por Christiano Monteiro Oiticica. Rio de Janeiro: Imago, 1998.

——. *Totem e Tabu.* Traduzido por Órizon Carneiro Muniz. Rio de Janeiro: Imago, 1999.

——. *Três ensaios sobre a sexualidade.* Traduzido por Paulo Dias Corrêa. Rio de Janeiro: Imago, 1997.

——. *O mal-estar na civilização.* Traduzido por José Octávio de Aguiar Abreu. Rio de Janeiro: Imago, 1997.

——. *O ego e o id.* Traduzido por José Octávio de Aguiar Abreu, Rio de Janeiro: Imago, 1997.

FOUCAULT, M. *As verdades e as formas jurídicas.* Tradução Roberto Cabral de Melo Machado e Eduardo Jardim Morais. Rio de Janeiro: Nau, 1996.

GARGARELLA, R. *Las teorias de la justicia despues de Rawls.* um breve manual de filosofia política; Barcelona: Paidós, 1999.

GADAMER, H. *Verdade e método:* traços fundamentais de uma hermenêutica filosófica. Petrópolis: Rio de Janeiro: Vozes, 1999.

——. *A razão na época da ciência.* Traduzido por Ângela Dias, Rio de Janeiro: Tempo Brasileiro, 1983.

———. *O problema da consciência histórica*. Traduzido por Paulo Duque Estrada, Rio de Janeiro: Fundação Getúlio Vargas, 1998.

———. *El giro hermenéutico*. Madrid: Cátedra, 2001.

GARCIA MORENTE, M. *Fundamentos de filosofia*. Tradução e Prólogo de Manuel Guilhermo de La Cruz Coroado. São Paulo: Mestre Jov, 1964.

GASSET, J. O. *Origem e epílogo da filosofia*. Rio de Janeiro: Livro Ibero-Americano, 1963.

GIDDENS, A. *et al.* (org). *Habermas y la modernidad*. Madrid: Cátedra, 1999.

GRAMSCI, A. *Concepção dialética da história*. Traduzido por Carlos Nelson Coutinho. Rio de Janeiro: Civilização Brasileira, 1984.

GOYARD-FABRE, S. Os princípios filosóficos do direito político moderno. São Paulo: Martins Fontes, 2002.

———. *Os fundamentos da ordem jurídica*. São Paulo: Martins Fontes, 2002.

HABERMAS, J. *O discurso filosófico da modernidade*. Lisboa: Dom Quixote, 1990

———. *Pensamento pós – metafísico*: estudos filosóficos. Rio de Janeiro: Tempo Brasileiro, 1990.

———. *O pensamento do nosso tempo*. Rio de Janeiro: Tempo Brasileiro, 1999.

———. *A constelação pós-nacional*. Traduzido por Márcio Seligmann Silva. São Paulo: Literra Mundi, 2001.

———. *A consciência moral e agir comunicativo*. Traduzido por Guido A. de Almeida. Rio de Janeiro: Tempo Brasileiro, 1989.

———. Facticidad y validez, sobre el derecho y el Estado democrático de derecho en términos de teoría del discurso. Tradução e revisao de Manuel Jiménez Redondo. Madrid: Trotta, 1998.

HABERLE, P. *Hermenêutica constitucional*. Traduzido por Gilmar Ferreira Mendes. Porto Alegre: Sergio Antonio Fabris, 1997.

HART, H. L. H. *O conceito de direito*. Lisboa: Fundação Calouste Goubenkian, 1986.

———. *Direito, liberdade, moralidade*. Porto Alegre: Sergio Antonio Fabris, 1987.

HEIDEGGER, M. *Os conceitos fundamentais da metafísica*. Traduzido por Marco Antonio Casanova. Rio de Janeiro: Forense Universitária, 2003.

———. *Ser e tempo*. Tradução Márcia de Sá Cavalcante. 3. ed. 2 v. Petrópolis: Vozes, 1989.

———. *A essência do fundamento*. Traduzido por Artur Morão. Lisboa: 70, 1988.

HEGEL, G. W. F. *A fenomenologia do espírito*. São Paulo: Abril Cultural, 1974. (Os pensadores)

———. *Filosofia da história*. 2 ed. Brasília: Universidade de Brasília, 2000.

———. *Princípios da filosofia do direito*. São Paulo: Martins Fontes, 2003.

HELLER, A. *Além da Justiça*. Traduzido por Savannah Hartmann. Rio de Janeiro: Civilização Brasileira, 1998.

HESPANHA, A. *Justiça e litigiosidade: história e prospectiva*. Lisboa: Fundação Calouste Gulbenkian, 1993.

HOBBES, T. Leviatã ou matéria, forma e poder de um estado eclesiástico e civil. São Paulo: Abril Cultural, 1974. (Os pensadores)

HULL, L. W.H. *História y filosofia de la ciência*. Traduzido por Manuel Sacristan. Barcelona: Editorial Ariel, 1989.

JAEGER, W. *Paidéia: a formação do homem grego*. Traduzido por Artur M. Parreira, São Paulo: Martins Fontes, 1995.

JAPIASSU, H. *Introdução ao pensamento epistemológico*. Rio de Janeiro: F. Alves, 1991.

———. *A crise da razão e do saber objetivo*. São Paulo: Letras & Letras, 1996.

JONAS, H. El principio vida: hacia uma biología filosófica. Madrid: Editorial Trotta, 2000.

KAUFMANN. A.; HASSEMER, W. *Introdução a filosofia do Direito e a teoria do Direito contemporâneas*. Traduzido por Marcus Keel. Lisboa: Fundação Calouste Gulbenkian, 2002.

KELSEN, H. *O problema da justiça*. São Paulo: Martins Fontes, 1993.

——. *A justiça e o Direito natural*. Traduzido por João Baptista Machado. Coimbra: Armênio Amado Editor, 1979.

KUHN, T. *A estrutura das revoluções científicas*. Tradução Beatriz Viana Boeira e Nelson Boeira. São Paulo: Ed. Perspectiva, 1975.

LAÊRTIOS, D. *Vidas e doutrinas dos filósofos ilustres*. Tradução do grego Mario da Gama Kury. Brasília: Universidade de Brasília, 1977.

LARENZ, K. *Metodologia da ciência do Direito*. Lisboa: Fundação Calouste Gulbenkian, 1997.

LEVI, M. L. *Péricles*. Traduzido por Amabile Pierrot e João Evangelista de Andrade Filho. Brasília: Universidade de Brasília, 1991.

LIMA, V. N. A. *A saga do zangão:* uma visão sobre o Direito natural. Rio de Janeiro: Renovar, 2000.

LYOTARD, J. *Peregrinações:* lei, forma, acontecimento. Traduzido por Marina Appenzeller. São Paulo: Estação Liberdade, 2000.

MACHADO, R. *Zaratustra:* tragédia nietzschiana. Rio de Janeiro: Jorge Zahar, 1997.

——. *Foucalt:* a filosofia e a literatura. Rio de Janeiro: Jorge Zahar, 2001.

——. *Nietzsche e a verdade*. 2. ed. Rio de Janeiro: Rocco, 1985.

MARCONDES, D. *Iniciação à história da filosofia:* dos pré-socráticos a Wittgenstein. 5. ed. Rio de Janeiro: Jorge Zahar, 2000.

MAUES, A. G. M. *A lanterna de Diógenes:* um esboço teórico sobre consciência coletiva e cidadania. Tese de mestrado, PUC, 1992.

MEIRA, S. A. B. *A lei das XII tábuas*. Rio de janeiro: Forense, 1972.

MENDES, C. (org) et. al. *Representação e complexidade*. Rio de Janeiro: Garamond, 2003.

MORIN, E. *O método 1:* a natureza da natureza; tradução de Ilana Heiberg, 2. ed. Porto Alegre: Sulina, 2003.

——. *O método 3*. Traduzido por Juremar Machado da Silva. Porto Alegre: Sulina, 1999.

——. *O método 4*. Traduzido por Juremar Machado da Silva. Porto Alegre: Sulina, 1998.

——. *Ciência com consciência*. Traduzido por Maria D. Alexandre; Maria Alice Sampaio Dória. Rio de Janeiro: Bertrand Brasil, 1996.

——. *Por uma reforma do pensamento*. In: PENA-VEJA, Alfredo. NASCIMENTO, Elimar Pinheiro do (org.). *O pensar complexo:* Edgar Morin e a crise da modernidade. Rio de Janeiro: Garamond, 1999.

MONTESQUIEU. Considerações sobre as causas da grandeza dos romanos e da sua decadência. São Paulo: Saraiva, 1997.

MÜLLER, F. *Quem é o povo?* a questão fundamental da democracia. Traduzido por Peter Naumann. São Paulo: Max Limonad, 1998.

NIETZSCHE, F. W. *Assim falou Zaratustra:* um livro para todos e para ninguém. Traduzido por Mário da Silva. 6. ed. Rio de Janeiro: Bertrand Brasil, 1989.

——. *A Filosofia na época trágica dos gregos*. São Paulo: Abril Cultural, 1982. (Os pensadores – Os pré-socráticos)

——. *O nascimento da tragédia ou helenismo e pessimismo*. Tradução, notas e posfácio de J. Guinsburg. São Paulo: Companhia das Letras, 1992.

——. *Ecce Homo*. Traduzido por Paulo César de Souza. São Paulo: Companhia da Letras, 1995.

——. *Além do bem e do mal*. Traduzido por Paulo César de Souza. São Paulo: Companhia da Letras, 1992.

NOGUEIRA, L. C. *La Risa Del Espacio*. Madrid: Editorial Tecnos, 1997.

OTTO-APEL, K. Semiótica transcendental y filosofía primera; Madrid: Editorial Síntesis.

——. Teoría de la verdad y ética del discurso. Barcelona: Paidós, 1998.

PALOMBELLA, G. *Filosofia del Derecho moderna y contemporánea.* Madrid: Editorial Tecnos, 1999.

PÉPIN, Jean . *A filosofia patrística:* os padres da igreja e as correntes da filosofia grega. In: CHÂTELET, François. *História da Filosofia:* De Platão a Santo Tomás de Aquino. 2 ed. Lisboa: Publicações Dom Quixote, 1995

PERELMAN, C. *Retóricas.* Traduzido por Maria Ermantina Galvão G. Pereira, São Paulo: Martins Fontes, 1999.

——. *Lógica jurídica.* Traduzido por Vergínia K. Pupi, São Paulo: Martins Fontes, 1999.

——. *Ética e Direito.* Traduzido por Maria Ermantina Galvão, São Paulo: Martins Fontes, 2000.

PERELMAN, C.; OLBRECHTS-TYTECA, L. *Tratado da argumentação:* a nova retórica. São Paulo: Martins Fontes, 1999.

PLATÃO. *Timeu. Crítias. O segundo Alcibíades. Hípias Menor.* Traduzido por Carlos Alberto Nunes. Belém: EDUFPA, 2001.

——. *A república.* Traduzido por Carlos Alberto Nunes. Belém: EDUFPA, 2000.

PLASTINO, C. A. *O primado da afetividade, a crítica freudiana ao paradigma moderno.* Rio de Janeiro: Relume Dumará, 2001.

POLANYI, K. *A grande transformação.* Rio de Janeiro: Campus, 2000.

RAWLS, J. *Uma teoria da justiça.* Traduzido por Almiro Pisetta e Lenita M. R. Esteves. São Paulo: Martins Fontes, 1997.

——. *Liberalismo político.* 2. ed. São Paulo: Ática, 2000.

——. *Leçons sur l'Histoire de la philophie morale.* Paris: La Decouvert, 2002.

REALE, G. *O saber dos antigos.* São Paulo: Edições Loyola, 1999.

——. *História da Filosofia Antiga.* Livros I a V. Trad. Marcelo Perine. São Paulo: Loyola, 1993

REBOL, O. *Introdução à retórica.* Traduzido por Ivone Castilho Benedetti, São Paulo: Martins Fontes, 2000.

RICCEUR, P. *Nas fronteiras da filosofia.* Traduzido por Nicolas Nyimi Campanário. São Paulo: Edições Loyola, 1996.

ROMANO, R. Moral e ciência: a monstruosidade no século XVIII. São Paulo: Editora SENAC, 2003.

ROSS, A. *Direito e Justiça.* Traduzido por Edson Bini. São Paulo: Edipro, 2000.

RORTY, R. *Objetivismo, relativismo e verdade.* Rio de Janeiro: Relume Dumará. 1997.

——. *Pragmatismo:* a filosofia da criação e da mudança. Belo Horizonte: Editora UFMG, 2000.

ROMERO, S. *Ensaio de filosofia do Direito.* São Paulo: Landy livraria editora e distribuidora Ltda, 2001.

ROSENFELD, M. *A identidade do sujeito constitucional.* Traduzido por Menelick de Carvalho Neto, Belo Horizonte: Mandamentos Editora, 2003.

ROUSSEAU, J. *Do contrato social e outros textos selecionados.* São Paulo: Abril Cultural, 1973. (Os pensadores)

SANTOS, B. DE S. *Introdução a uma ciência pós-moderna.* Rio de Janeiro: Graal, 1989.

——. *O Discurso e o Poder:* ensaio sobre a sociologia da retórica jurídica. Porto Alegre: Fabris, 1988.

——. *Para um novo senso comum:* a ciência, o direito e a política na transição paradigmática. 3. ed. São Paulo: Cortez, 2001.

SAVIGNY, F.C. VON. *Da vocação do nosso tempo para a legislação e a jurisprudência.* In: MORGIS, Clorence (org). *Os grandes filósofos do Direito:* leituras escolhidas em Direito. São Paulo: Martins Fontes, 2002.

SKINNER, Q. *Liberdade antes do liberalismo.* Traduzido por Raul Fiker. São Paulo: UNESP, 1999.

———. *As fundações do pensamento político moderno*. São Paulo: Companhia das Letras, 1996.

SOUZA, J. Cavalcante. *Os pré-socráticos: vida e obra*. 2. ed. São Paulo: Abril Cultural, 1978. (Os pensadores – Os pré-socráticos)

STRECK, L. L. *Hermenêutica judicial e(m) crise*: uma exploração hermenêutica da construção do Direito. 4. ed. revista e atualizada, Porto Alegre: Livraria do Advogado, 2003.

TAYLOR, C. *As fontes do self: a Construção da identidade moderna*. Traduzido por Adail Ubirajara Sobral e Dinah de Abreu Azevedo. São Paulo: Edições Loyola, 1997.

———. *Argumentos filosóficos*. Adail Ubirajara Sobral. São Paulo: Edições Loyola, 2000.

TORRANO, J. *Teogonia*: a origem dos Deuses Hesíodo. São Paulo: Iluminuras, 2001.

TUGENDHAT, E. *Lições sobre a ética*. Tradução grupo de doutores da Universidade do Rio Grande do Sul. Petrópolis: Rio de Janeiro: Vozes, 1996.

VÉDRINE, H. *A nova imagem do mundo: de Nicolau de Cusa a Giordano Bruno*. In: CHÂTELET, François. *História da Filosofia*. vol. 2. Lisboa: Publicações Dom Quixote, 1995.

VERNANT, J. *As origens do pensamento grego*. Traduzido por Ísis Borges B. da Fonseca. Rio de Janeiro: Betrand Brasil, 2000.

WARAT, L. A. *Introdução geral ao Direito I*. Porto Alegre: Sergio Antonio Fabris Editor, 1994.

———. *Introdução Geral Ao Direito II*. Porto Alegre: Sergio Antonio Fabris Editor, 1995.

———. *Introdução Geral Ao Direito III*. Porto Alegre: Sergio Antonio Fabris Editor, 1997.

———. *O Direito e a Sua Linguagem*. Porto Alegre: Sergio Antonio Fabris Editor, 1995.

WOLKMER, A.C. *Ideologia, Estado e Direito*. 4. ed. São Paulo: Revista dos Tribunais, 2003.

Impressão:
Evangraf
Rua Waldomiro Schapke, 77 - P. Alegre, RS
Fone: (51) 3336.2466 - Fax: (51) 3336.0422
E-mail: evangraf.adm@terra.com.br